30-SECOND
FORENSIC SCIENCE

不会说谎的证据

从犯罪调查到法医学

［英］苏·布莱克（Sue Black）

［英］尼亚姆·尼克·达伊德（Niamh Nic Daéid） 编著

王 晋 译

電子工業出版社

Publishing House of Electronics Industry

北京 · BEIJING

30-SECOND FORENSIC SCIENCE

By Sue Black & Niamh Nic Daéid

Copyright © 2018 Quarto Publishing plc

本书中文简体字版授予电子工业出版社独家出版发行。未经书面许可，不得以任何方式抄袭、复制或节录本书中的任何内容。

版权贸易合同登记号　图字：01-2022-3349

图书在版编目（CIP）数据

不会说谎的证据：从犯罪调查到法医学/（英）苏·布莱克，（英）尼亚姆·尼克·达伊德编著；王晋译. —北京：电子工业出版社，2022.10
书名原文：30-Second Forensic Science
ISBN 978-7-121-44100-4

Ⅰ.①不… Ⅱ.①苏… ②尼… ③王… Ⅲ.①法医学鉴定—证据—通俗读物 Ⅳ.①D919.4-49

中国版本图书馆CIP数据核字（2022）第143410号

责任编辑：郭景瑶
文字编辑：刘　晓
印　　刷：北京利丰雅高长城印刷有限公司
装　　订：北京利丰雅高长城印刷有限公司
出版发行：电子工业出版社
　　　　　北京市海淀区万寿路173信箱　邮编：100036
开　　本：720×1000　1/16　印张：10　字数：240千字
版　　次：2022年10月第1版
印　　次：2022年10月第1次印刷
定　　价：88.00元

凡所购买电子工业出版社图书有缺损问题，请向购买书店调换。若书店售缺，请与本社发行部联系，联系及邮购电话：（010）88254888，88258888。
质量投诉请发邮件至zlts@phei.com.cn，盗版侵权举报请发邮件至dbqq@phei.com.cn。
本书咨询联系方式：（010）88254210，influence@phei.com.cn，微信号：yingxianglibook。

目录

序言

瓦尔·麦克德米德

我写犯罪小说已经有三十多年了。在此过程中，我见证了法医学在侦破复杂刑事案件中扮演的重要角色以及带来的重大变革。但是，与大多数人一样，我也看到了各种各样有关法医学的剧本或文学作品，坦白说，它们都是科幻作品。电影、电视剧，还有大量的犯罪小说对法医学的描述有时极不准确——请原谅我这么说。

本书篇幅虽然不长，但内容丰富，可以纠正错误的假设，让你看清现实，并与你分享这门科学在法庭诉讼中的非凡作用。我保证，这本书绝对会令你大吃一惊。

虽然我写的是小说，但我会尽量保证内容的准确性。要做到这一点，其中一种方法就是向各位法医学家请教。他们总是那么慷慨，愿意抽出宝贵的时间提供专家意见。我一般会带着六七个问题去找他们，离开时不仅我提前准备的问题都找到了答案，许多我从未想过的谜题也得到了解决。我所接触的法医学家都很善于沟通，他们知道如何用非专业人士能够理解的语言来解释复杂的过程。我曾经问过这样一个问题：一具在泥炭沼泽中放置200年的尸体会是什么样子的？我几乎立刻就得到了回答："依旧是有头有脸的一副皮囊。"

在与法医学家的接触中，我经历了很多惊奇时刻。你会在本书中读到一些，比如，鲁米诺这种化学物质可以检测出只有百万分之一含量的血；血液离开身体时呈球状；粘在车上的昆虫尸体可以说明你去过哪里；法医植物学家可以判断出犯罪嫌疑人衣服上的一粒种荚来自哪棵树。

除此之外，本书还对很多学科做了清晰简要的说明。在这些学科专业人士的共同努力下，我的有关犯罪行为的问题得到了满意的解答。

不管是活是死，人体都是一个惊人的信息库。苏·布莱克（Sue

Black）和尼亚姆·尼克·达伊德（Niamh Nic Daéid）两位教授编著的这本指南是解读人体秘密的上乘之作。苏·布莱克是法医人类学家，她知道如何识别一个人的生物特征和个人身份。她能找到死者，把他们送回所爱的人身旁。尼亚姆·尼克·达伊德是法医化学家，她对火灾、爆炸物和药物几乎无所不知。这两位专业人士的合作可能看似奇怪，但她们有一个共同点，那就是她们都明白化学反应和生物反应的重要性。苏和尼亚姆通过这本书为我们打开了一扇大门，带领我们一起踏上犯罪调查之路，我相信很少会有人拒绝走进这扇大门。

　　亲爱的读者朋友们，准备好开启惊奇之旅了吗？

▲ 分析血迹可以确定受害者及其攻击者的动作。在犯罪现场搜集的任何证据都证实了埃德蒙·罗卡博士（Dr Edmond Locard）的观点："凡有接触，必留痕迹。"罗卡被誉为法国的"福尔摩斯"。

前言

苏·布莱克 尼亚姆·尼克·达伊德

我们两个人投身法医学已半个世纪有余。在这足够长的时间中，我们见证了各种趋势的来来去去、学科声誉的起起落落、人们对法医学信心的起起伏伏。但是，有一点似乎从未改变：大众始终对法医学充满好奇，调查人员始终相信法医学的巨大价值，法院始终依赖法医学帮助陪审团做出最正义的裁决。

想通过回顾历史来确定某一科学分支是何时被首次提出的，或是何时达到顶峰的，其实并不容易。法医学的很多传统方法在19世纪末被正式确定下来，如指纹、笔迹检查、弹道学、生物特征识别和鞋样。到了20世纪80年代中期，亚历克·杰弗里斯爵士（Sir Alec Jeffreys）发现，我们每个人的DNA并不相同，用它便可以确定个人身份。法医学因此发生了天翻地覆的变化。几乎在一夜之间，法医学被分成了两个时代：1984年之前和1984年之后。有趣的是，乔治·奥威尔（George Orwell）的反乌托邦小说《一九八四》描写的也是这一年发生的事。

有一个很大的秘密，就是"法医学"这一叫法并不妥帖，因为根本没有这样一门单一学科。实际上，它由多门学科组成。法医学是一个统称，指的是司法系统所应用的科学。这些学科集中在一起，唯一的目的就是在具体案件中解释并评估各类信息。因此，机械工程学和解剖学，与更容易被认可的毒理学和DNA一样，都有权被纳入其中；生物学、化学、物理学和数学等学科的某些方面被更多地用于解决法律问题——它们就被统称为"法医学"。将科学引入法庭的首要目的是帮助陪审团在追求正义的过程中做出可靠的裁决。

在撰写本书时，第一件事就是要选择50种证据展开介绍。2015年，在伦敦皇家学会的一次会议上，我们向到场的科学家和法官提了一个问题：他们在日常工作中经常遇到哪类证据？他们很愿意伸出援

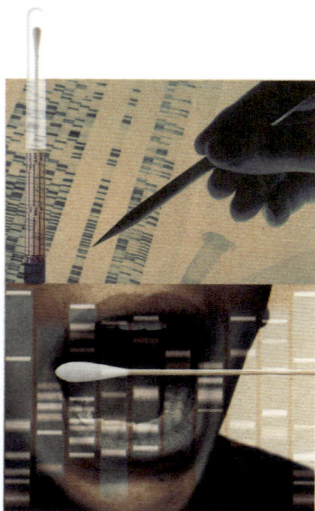

▲ 近些年来，人类分子遗传学进展显著。通过这门学科，世界上几乎每个人都可以与其他人区别开来，即使他们是同卵双胞胎。

助之手，向我们提供了40多种证据。本书选择介绍的证据便源于此，但我们也很清楚，这份清单随随便便就可以扩充一倍，这说明科学与法律之间的关系错综复杂。法医学不仅关乎司法，还关乎人的自由，在允许执行死刑的国家，法医学甚至会决定人的生死。

　　本书分为七章，每一章都以"术语"开篇，同时还会介绍一位该领域的杰出人物。第一章是"人体"。我们通过病理学、人类学、牙科学和放射学等学科来说明人体在法医学中的重要作用。第二章"生物特征识别"探讨了可以用来确定身份的各种特征。DNA自然排在首位，紧接着是我们所熟悉的指纹、面部分析、笔迹等。第三章"痕迹"讲的是迹证，哪怕是一点点，也会对犯罪调查起到关键的作用。这一章提到了纤维、玻璃、油漆、射击残留物等的价值，并阐述了有关物体接触时发生转移的罗卡定律。接下来是"物理和化学分析"，这一章侧重法医学与物理学的密切关系，内容包括工具痕迹、血液和毒理学分析等。第五章讨论了源于自然科学的证据，包括花粉、土壤、昆虫和其他野生动物等。生活在现代世界的我们，严重依赖数字技术，因此"数字记录"这一章对图像分析和网络犯罪进行了初步探讨。"法律和科学"一章回到法庭，也就是法医学最终的服务对象，讨论了专家证人、可采性以及司法系统中的证据解释和呈现。

　　不管过去还是现在，法医学对社会的价值都是显而易见的。如果你想深入了解这门引人入胜的学科，本书是一个理想的起点。正如福尔摩斯所言，"细枝末节是最重要的，其意义无可估量"。

▲ 法医实验室对查获的草药及未知的粉末、液体和药片进行分析，以确定它们是否含有毒品。

人体

术语

情节加重的杀人罪　指包含某些特定情况的谋杀行为，如故意杀害儿童或现役警察等。

血管造影　一种通过X射线摄影将血管可视化的医学成像技术。

尸冷　死亡的第二个阶段，尸温逐渐下降，直到与环境温度相当。另见"濒死"和"尸僵"。

生前　如字面意思。另见"死后"。

尸体　死者的身体。

齿列　某一特定物种牙齿的排列、数量和类型。

昆虫学　以昆虫为研究对象的科学。

失血　血液流失。

基于触觉反馈的虚拟造型系统 Geomagic Freeform　法医用于面部重建的三维工程工具，可以结合触感提供真正的三维导航。

组织学　研究机体微细结构及其相关功能的学科。

国际刑事警察组织　一个成立于1923年、旨在促进各国警方之间相互支援与合作的组织。

尸斑　死后因血液坠积而导致的皮肤变色现象。

多层螺旋CT　X射线管每旋转扫描一圈可以获得两层以上的螺旋CT。

牙科学　研究牙齿结构和疾病的科学。

病理学家　与疾病诊断有关的医学工作者。

濒死　如字面意思。

死后　如字面意思。另见"生前"。

王室诉……案（R v）　在英国法律案件的标题中，R表示该案件由王室起诉。在国王统治时期，R代表"国王"（Rex），在女王统治时期，R代表"女王"（Regina）。v 是 Versus 的缩写，意为"……诉……"。

尸僵 死后身体变僵硬的现象。另见"尸冷"。

毒理学 一门研究化学物对生物机体有害效应的学科。

超声 一种利用超声波对身体内部进行成像的医学技术。

虚拟尸检 由瑞士伯尔尼大学设计，是一种仅检查临床图像的虚拟尸检方法，比如通过计算机断层扫描（CT）进行尸检。

尸检

场景

线索

尸检，即"尸体解剖"，目的是确定死者的死亡方式、死亡原因和身份。

证据

一般来说，死亡可以分为如下五类。

自然死亡：指符合人的正常寿命、可以预料到的死亡。

意外死亡：包括因意外行为或事件而导致的死亡。

他杀：杀害意图来自他人的死亡。

自杀：杀害意图来自死者本人的死亡。

原因未定的死亡：没有足够的信息可以确定死亡原因的死亡。

"尸检"（Autopsy）一词源自希腊语，指的是目击者的描述，也就是一个人看到的情形。它常常出现在法医学领域，是指对死者内部和外表进行彻底检查，并按照法律部门的要求确定具体的事实。尸检通常由具有医学资格的专家进行，此人通常被称为"病理学家"或"验尸官"。尸检的主要目的是确定死者的死亡方式、死亡原因及身份。死亡方式可能是道路交通事故或枪伤。死亡原因是指生命停止的具体原因，可能是心肌梗死或大血管断裂后失血过多。在法医调查中，通常只有在意外发现尸体，并且没有明显证据表明死者身份的情况下，才需要确定死者的身份。尸检可能需要其他领域的配合调查，才能找到问题的答案，相关领域包括毒理学、牙科学、DNA分析、指纹分析、人类学等。

相关章节

参见

法医人类学
16 页

医学影像
22 页

损伤
28 页

肢解
30 页

人物简介

乔瓦尼·莫尔加尼
（Giovanni Morgagni）
1682—1771
文艺复兴时期的意大利解剖学家，80岁时完成了五卷本病理学著作《疾病的位置与病因》。

本文编者

苏·布莱克

▶ 尸检通常指合格的专家对尸体内部和外表进行检查，以确定死亡方式和原因。

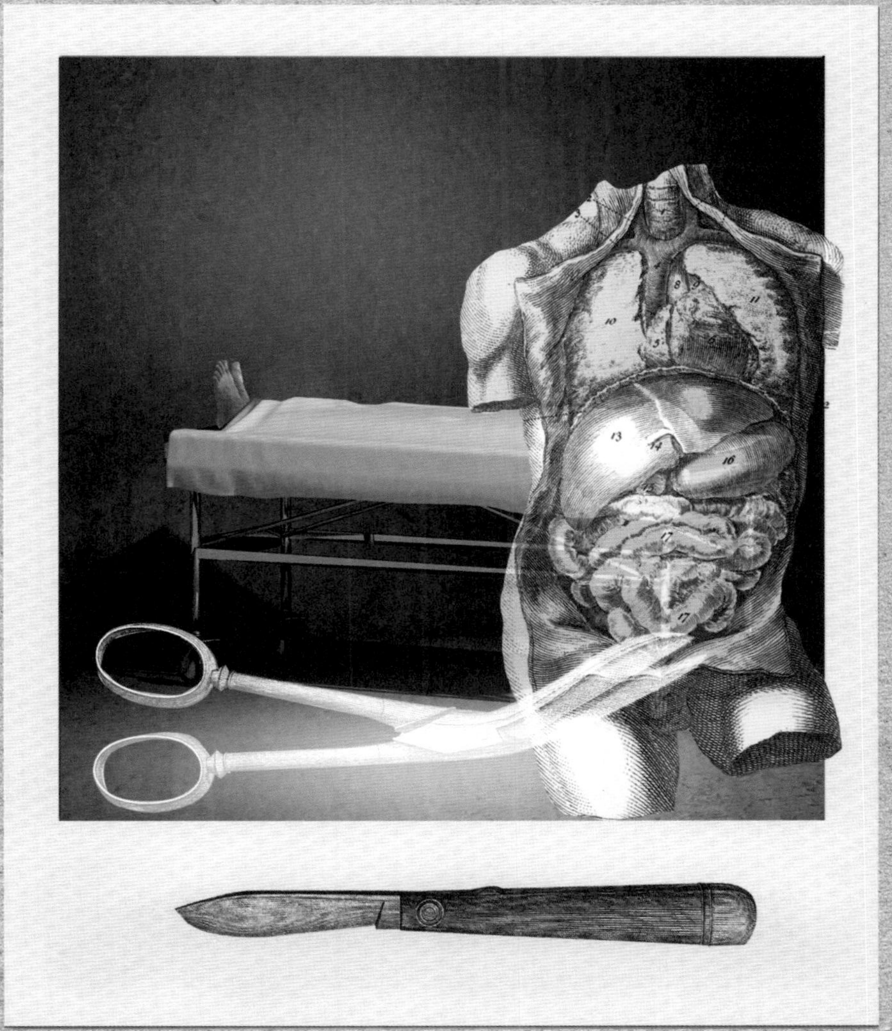

法医人类学

场景

线索
法医人类学通过分析人类遗骨来识别个人身份和了解死因。

证据
需要确定身份的并不总是死者。当未成年人在没有正式文件的情况下被移交法庭或过境时，如果政府要对其做出适当的处理，就需要确定他们的年龄。这时，法医人类学家也会对生者进行年龄评估。在这种情况下，法医人类学家通常用X射线摄影、磁共振成像或CT等医学影像手段观察骨骼变化，从而确定年龄。

法医人类学是人类学的一个分支，法医人类学家对人类骨骼十分了解。当发现尸体但不知道其身份时，他们会运用分析方法来确定死者的生物学特征。关于死者的生物学档案包括死者的祖籍、死亡年龄、性别、身高，以及其他细节，如原来是否有骨折、疾病，是否做过外科手术等。这些有助于确定死者的身份。这些信息会传递给调查小组，调查小组的成员会在失踪人口记录清单中进行搜寻，以期找到与死者身份相匹配的信息。此外，法医人类学家还可以分析从骨头上发现的损伤，其中可能包括死亡时或死亡前后产生的割痕或损伤，即"濒死伤"。他们能够区分濒死伤和死后伤，如食腐动物咬过的痕迹，暴露在树根下引起的变化，或者经过风吹日晒骨头表面出现的裂痕。法医人类学家还可以帮助识别残骸，特别是在爆炸或火灾等灾难之后尸体变得破碎不堪的情况下。

人物简介
克莱德·斯诺
（Clyde Snow）
1928—2014
美国法医人类学家，对法医人类学这门学科的发展做出了巨大的贡献。斯诺是美国法庭科学学会（AAFS）物理人类学分会的创始人，他曾在阿根廷和前南斯拉夫从事法医和人道主义工作，为遭遇大屠杀和其他暴行的受害者确认身份。

本文编者
卢西娜·哈克曼

▶ 通过骨盆位置可以准确地确定性别。

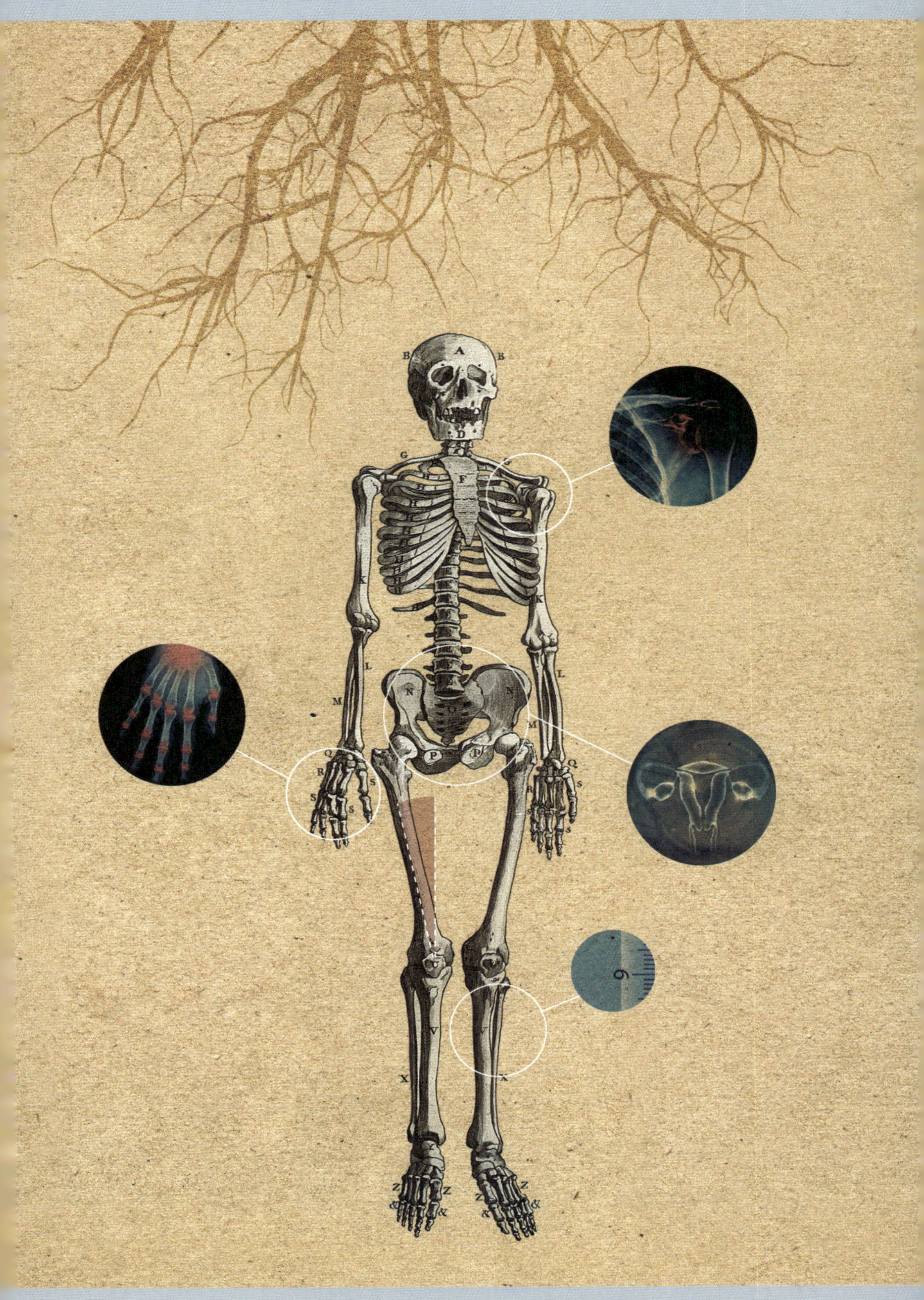

牙科病历

场景

就人类而言，6个月到5岁之间乳牙萌出；6岁左右第一颗恒牙萌出，之后乳牙陆续掉落，恒牙随之长出；到12岁左右，口中只有恒牙。牙医会记录患者口腔中现存的牙齿、缺失的牙齿、畸形或错位的牙齿，还会记录哪些牙齿被修补过，哪些做过根管治疗或贴面。这些记录主要用于临床目的，但在发生大规模死亡事件或意外发现人类遗骸，需要确定死者身份时，法医牙科医生也可能会研究这些记录。1849年，美国马萨诸塞州的乔治·帕克曼（George Parkman）医生被杀。乔治·帕克曼的牙医基普曾给他做过烤瓷牙，这为确定死者身份提供了帮助。在20世纪40年代英国耸人听闻的酸浴谋杀案中，凶手约翰·海格（John Haigh）没有意识到，即使用工业硫酸溶解死者，法医牙科医生也可以通过牙齿来识别死者的身份。牙齿可以在爆炸、火灾或长期埋在地下的情况下留存下来。国际刑事警察组织表示，齿列、DNA和指纹是识别死者的三种主要手段。

人物简介

内森·库利·基普
（Nathan Cooley Keep）
1800—1875

基普最初给一位珠宝商当学徒，后来在哈佛大学学习，之后从事牙科工作。1850年，他在乔治·帕克曼谋杀案的审判中提供了关键证据，凶手约翰·韦伯斯特（John Webster）随后被定罪并被处以绞刑。人们认为，基普是最早发明烤瓷牙的牙医之一。

本文编者

苏·布莱克

▶ 牙齿可以被用来确定儿童的年龄以及识别身份。

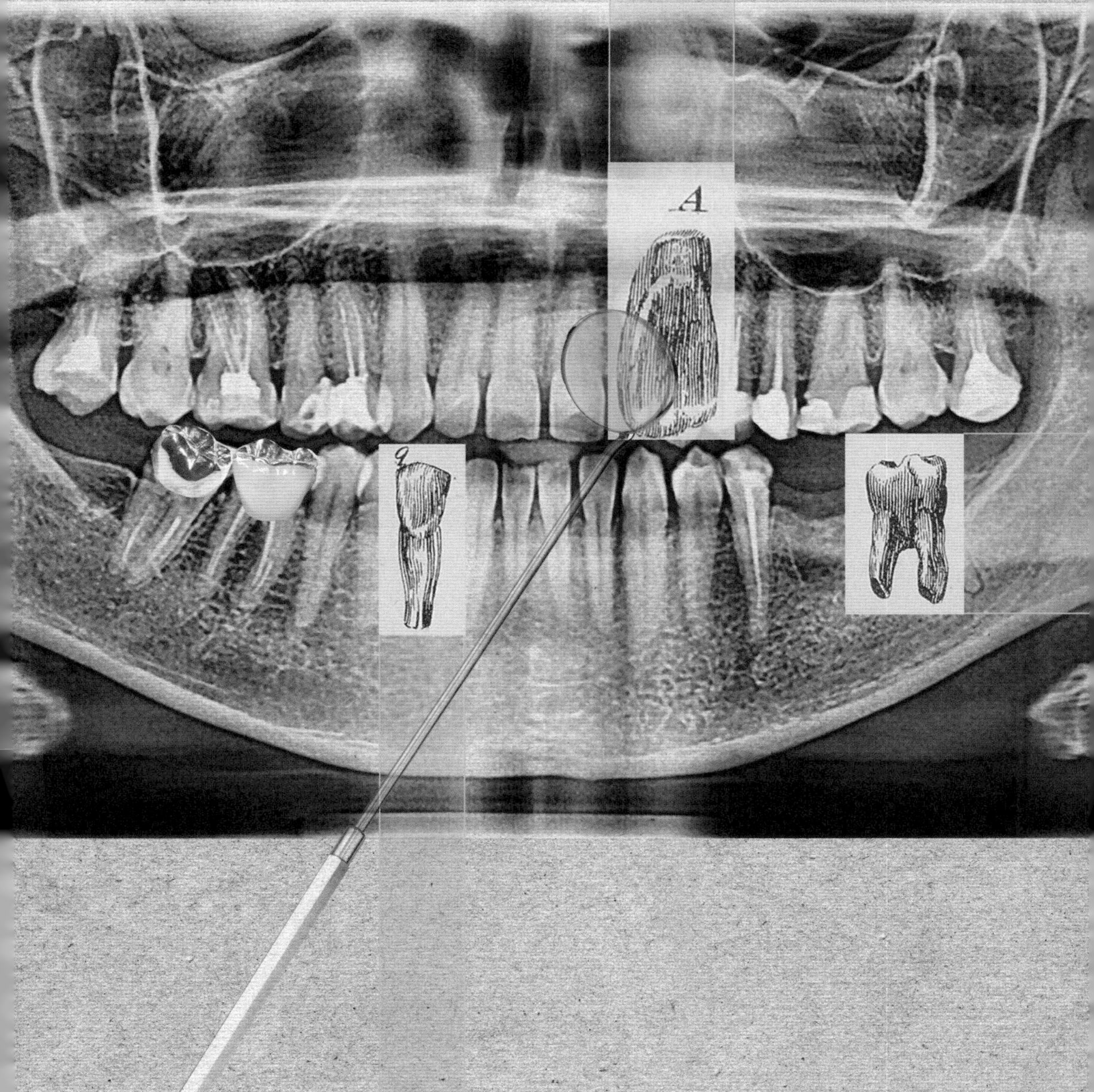
A

1877年
出生于英国沃里克郡皇家
利明顿矿泉市

1905年
毕业于牛津大学莫德林学
院，获得医学学士学位，
成为伦敦圣玛丽医院的住
院病理学家助理

1908年
与伊迪丝·霍顿（Edith
Horton）结为连理，二人
育有四个孩子

1910年
王室诉霍利·哈维·克里平
（Hawley Harvey Crippen）案

1915年
王室诉乔治·约瑟夫·史
密斯（George Joseph Smith）
案——浴缸新娘谋杀案

1922年
王室诉赫伯特·罗斯·阿
姆斯特朗（Herbert Rowse
Armstrong）案

1923年
在阿姆斯特朗案中作证后
被授予爵位

1924年
与苏格兰场合作研发了
"谋杀案调查工具包"

1924年
王室诉帕特里克·马洪
（Patrick Mahon）案——碎
石滩谋杀案

1927年
王室诉约翰·鲁宾逊
（John Robinson）案——查
令十字火车站行李箱谋
杀案

1930年
王室诉阿尔弗雷德·劳斯
（Alfred Rouse）案——焚
车谋杀案

1934年
王室诉曼西尼（Mancini）
案——布莱顿行李箱谋杀案

1939年
为英国军情五处的"肉糜
行动"提供建议

1947年
在伦敦大学学院的实验室
里打开煤气自杀

伯纳德·斯皮尔斯伯里爵士

伯纳德·斯皮尔斯伯里爵士（Sir Bernard Spilsbury）毕业于牛津大学，拥有医学学位。不过，尽管拥有极大的工作热情，他却没有投身普通的医学工作。证人席为他提供了一个舞台，在那里，他那令人无法抗拒的张扬个性成为主导。他头戴高帽，身穿燕尾服和高筒靴，扣眼中总是插着一朵红色康乃馨，显得格外引人注目。他对自己的信念毫不动摇，并且具有罕见的能力，可以将晦涩的专业语言转化为陪审团能够理解的话语，他因此被称为"人民的病理学家"。不过，他本人比证据更能动摇陪审团的想法，这种"斯皮尔斯伯里效应"令司法部门感到不安。

霍利·哈维·克里平的案子让斯皮尔斯伯里崭露头角。克里平是美国的一位顺势疗法医师和配药师。1910年1月，克里平的妻子科拉（Cora）失踪。警方搜查他们的房子时在地下室的地砖下方发现了尸体残骸。斯皮尔斯伯里通过腹部一块皮肤上的瘢痕确认死者就是科拉。克里平最后被判谋杀罪，在伦敦的本顿维尔监狱被处以绞刑。

此外，斯皮尔斯伯里还找到了控诉英国律师赫伯特·罗斯·阿姆斯特朗的证据。阿姆斯特朗被控杀害了他的商业对手，以及他自己的妻子凯蒂·阿姆斯特朗（Kitty Armstrong）。两人的死因都是砷中毒。破获此案后不久，斯皮尔斯伯里于1923年被授予爵位。

斯皮尔斯伯里与苏格兰场（伦敦警察厅的代称）合作，发明了"谋杀案调查工具包"。这是一种专为侦探设计的法医工具包，其中包括手套、镊子、证据袋、放大镜、指南针、尺子和棉签。

斯皮尔斯伯里还是"肉糜行动"大获成功的重要贡献者。该行动是英国在第二次世界大战期间部署的一项虚假情报策略，旨在掩盖盟军对西西里岛的进攻。在这项行动中，一个流浪汉的尸体被伪装成威廉·马丁（William Martin）上校，同时配有伪造的文件。潜艇在靠近西班牙南部海岸的地方抛出这具尸体。之后，尸体被德军发现，伪造文件骗过了德军的情报部门。因此，德军的增援部队被转移到希腊和撒丁岛，盟军因此获得了进攻西西里岛的成熟时机。

20世纪40年代，斯皮尔斯伯里的儿子和情人相继去世，他的身体每况愈下。他与妻子的关系日益疏远，经济状况不良。他意识到自己的痴呆越来越严重，并且因关节炎而无法正常走路。1947年12月17日，他与同事交换了圣诞礼物，独自进餐，然后在实验室里打开煤气自杀身亡。参加他的葬礼的人寥寥无几。

苏·布莱克

医学影像

场景

线索

近年来，医学影像作为一种无创方法已经被应用于法医调查之中，为尸体解剖提供帮助。

证据

数字化尸检还不能完全取代采用标准侵入性方法的传统尸检。然而，随着研究的不断深入，以及血管造影（将血管可视化）、多层螺旋CT、磁共振成像、表面扫描、多功能采样机器人的出现，医学影像的发展可能预示着传统尸检的消亡。此外，将武器的图片与损伤情况进行匹配的工作也在进行，无论损伤是硬组织（肢解）损伤还是软组织（勒杀）损伤。

医学影像可以采用电离辐射，如X射线摄影和计算机断层扫描，也可以采用非电离辐射，如磁共振成像（MRI）或超声。长期以来，X射线摄影一直用于协助尸检，但计算机断层扫描和磁共振成像的三维成像功能使无创尸检得以蓬勃发展。20世纪80年代，"数字化尸检"一词出现，数字化尸检用于辅助传统尸检，并可能取而代之。出于道德或宗教原因，一些地区的人认为传统尸检是对尸体的亵渎，他们基本接受了数字化尸检。数字化尸检在不解剖尸体的情况下可以回答调查所需的那些问题。例如，在评估损伤情况时，一旦尸体被破坏，粉碎性骨折（骨碎裂成两块以上）的三维可视化、射弹的轨迹或异物的位置等信息就可能丢失。此外，即使在尸体被埋葬或火化后，影像仍可以保存很长时间，以备再次检查。这就形成了一个长期的证据库，可供未来审讯使用。然而，数字化尸检仍略有争议。有些研究人员认为，在评估死因时，数字化尸检的准确性大约能达到传统尸检方法的68%。

相关章节

参见
尸检
14页

损伤
28页

肢解
30页

人物简介

理查德·德恩胡佛（Richard Dirnhofer）1942—
宫廷医师，曾在因斯布鲁克大学学习医学，之后在瑞士伯尔尼大学担任法律医学研究所所长，直至1991年。他是虚拟尸检的创始人，20世纪80年代以来，该技术一直引领着数字化尸检的发展。

本文编者

苏·布莱克

▶ 1895年，威廉·康拉德·伦琴（Wilhelm Conrad Röntgen）拍摄了世界上第一张X射线照片，照片中显示了他妻子的手。因为X射线的非破坏性，法医学领域经常将其作为分析工具。

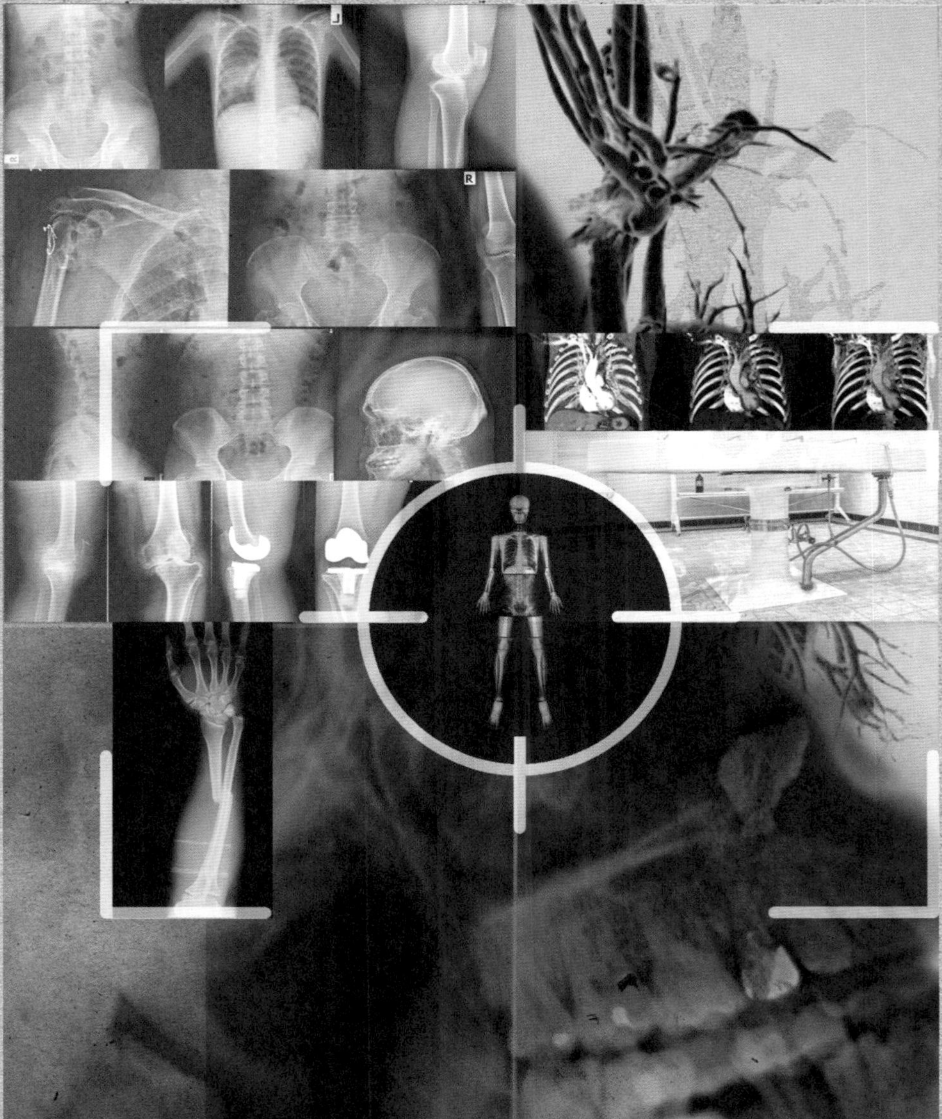

面部重建

场景

线索
面部重建需要根据头骨形状大概得出面部的解剖结构，从而帮助识别已经腐败或仅剩骨架的人类遗骸。

证据
死后面部形态刻画与面部重建类似，但用的不是头骨，而是在停尸房拍摄的面部照片。颅像叠加是一种将三维头骨与失踪者照片对齐，从解剖学的角度进行比较的方法。这只是一种利用头骨合法识别个人的方法。

如果 DNA、指纹、牙齿或 X 射线这四种主要的身份鉴定方法均不成功，那么根据头骨估计并重建面部特征是提供调查线索的一个有用方法。四大方法之所以派不上用场，可能是因为身份不明的死者没有被列入可搜索的数据库，或者是尸体已经腐烂到无法复原数据的程度。面部重建涉及三个方面：平均软组织厚度、面部特征估计方法、肌肉组织重塑。最接近的平均软组织厚度可能来自不同的人群（死者的血统可能未知），所以只能作为一种指引。肌肉根据死者的头骨加以重塑，存在矛盾的地方可以不采用平均测量值。眼眶可以说明眼睛是深陷的还是突出的，是上斜的还是下垂的。鼻子直接用鼻孔加以估计，包括大小、形状和对称性。牙齿形态决定了嘴的宽度和唇的形状。我们从头骨上只能看出耳朵的大概尺寸和突起程度，但总体来说，这些信息足以描绘出一张朋友或家人可以认出的面庞。

相关章节
参见
牙科病历
18 页

人物简介
威尔顿·马里昂·克罗格曼（Wilton Marion Krogman）
1903—1987
美国面部重建的先锋人物，他使用的是平均软组织厚度，并不重塑肌肉。

米哈伊尔·格拉西莫夫（Mikhail Gerasimov）
1907—1970
俄罗斯面部重建的先锋人物，他使用的是停尸房中尸体的面部组织厚度，根据相似度而非平均测量值进行重建。

理查德·尼夫（Richard Neave）
约1936—
面部重建专家，开创了曼彻斯特"组合法"，重建整个面部的肌肉组织。

本文编者
克里斯·赖恩

▶ 利用那些可以重建面部肌肉组织的方法，一张张具有独特特征的脸得以重塑。

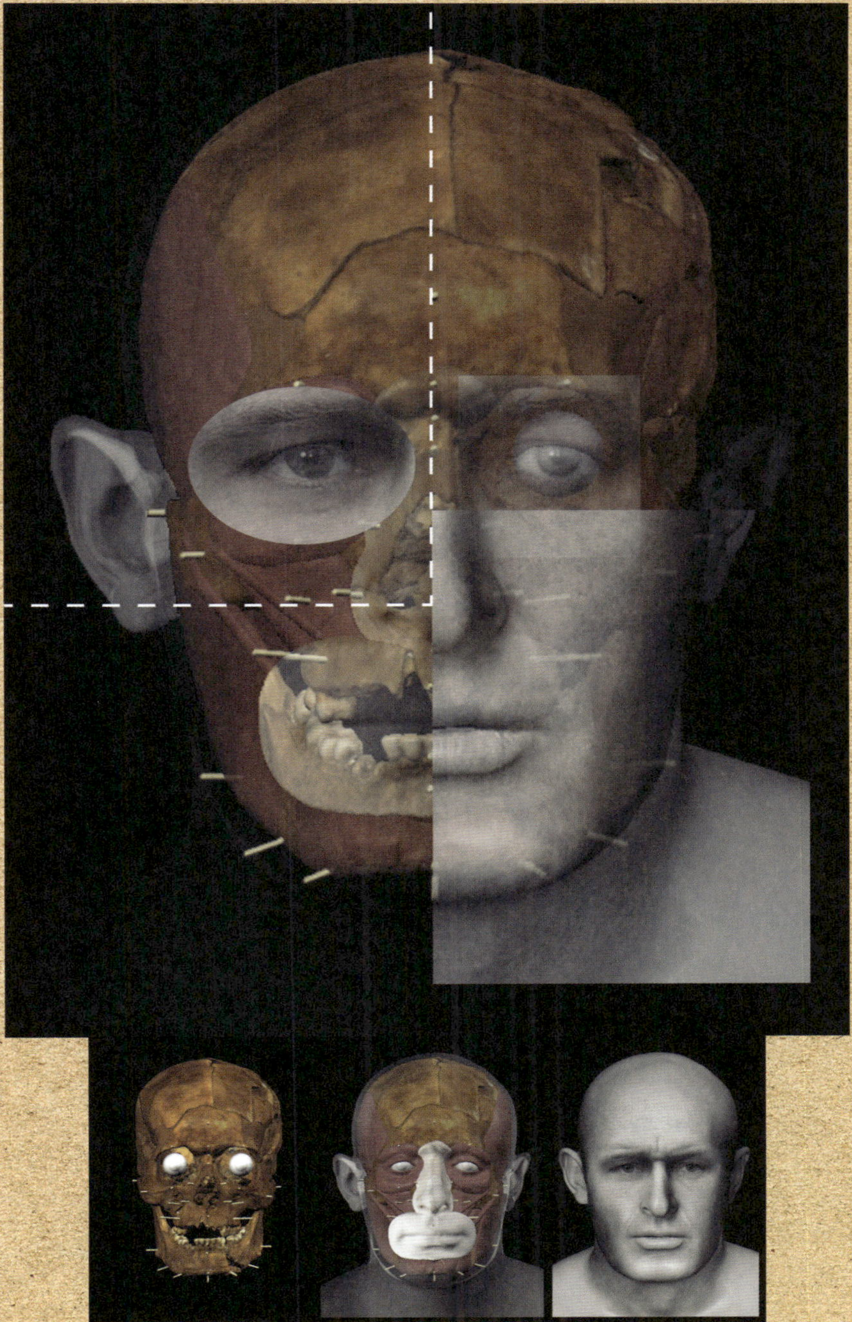

死亡时间

场景

除非死亡过程有目击者，否则必须利用尸体本身的信息来推算死亡时间。准确了解死者的死亡时间可能对调查至关重要。人死亡后，随着细胞的分解和腐败的开始，身体会立即发生变化。这些变化包括尸冷（身体冷却）、尸斑（红细胞在重力的作用下下沉）、尸僵（肌肉变硬）。由于这些变化会按照合理顺序发生，并且研究人员已经做出过描述，所以观察这些变化就可以推算出死亡时间。不过，其他内部和外部因素会影响推算的准确性。与腐败过程有关的其他变化，如软组织的分解，会受到很多生物因素的影响（包括细菌、昆虫、食腐动物和其他人类的影响），还会受到很多非生物因素的影响（包括天气、土壤和温度等的影响）。所以，推算出的死亡时间只是一个估计值，而非确定的时间。

相关章节
参见
法医昆虫学
102 页

人物简介
威廉·巴斯
（William Bass）
1928—
美国田纳西大学诺克斯维尔分校一个研究机构的创始人，该研究机构利用尸体研究人死后的腐败过程。该机构是相关领域的第一个机构，一直以来保持着较高的知名度。当巴斯意识到人们对尸后情况知之甚少时，他建立了这个机构。

本文编者
卢西娜·哈克曼

▶ 腐败是一个与时间有关的过程，高度依赖环境温度和其他外部环境因素。

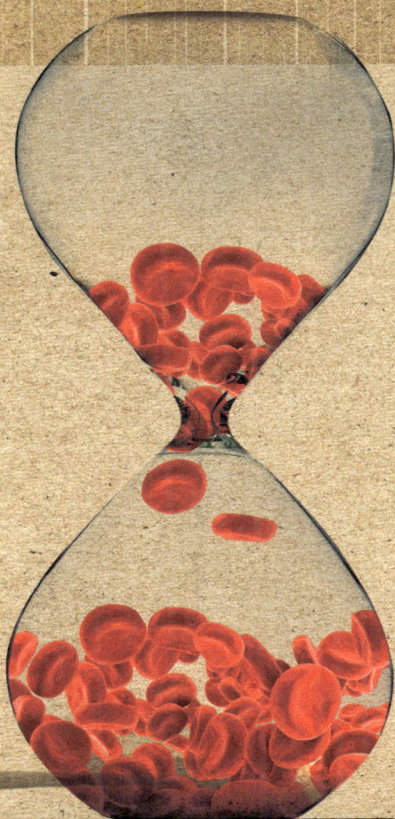

损伤

场景

线索

"损伤"一词用来描述外力对身体的软组织（皮肤、肌肉等）和硬组织（骨骼、牙齿等）造成的损害。

证据

骨骼受伤后最常见的反应是骨折。最简单的骨折是线性骨折，最复杂的是粉碎性骨折，即骨头碎裂成很多块。骨骼受到钝器伤、锐器伤或弹道伤时，分别会出现特定的骨折情况。不管是自然愈合还是手术愈合，骨折后骨骼的外观都会发生变化，因此会留下可以证明以前受过伤的痕迹。

损伤通常是由施加在软组织或硬组织上的外力造成的，有时软组织和硬组织会同时受伤。损伤一般通过受伤的位置、伤口外观或造成损伤的力的类型来描述。提到损伤时，损伤发生的时间也应包括在内。死亡之前受的伤被称为"生前伤"，死亡时受的伤被称为"濒死伤"，而在死亡后受的伤则被称为"死后伤"。软组织损伤主要有四种类型：擦伤、瘀伤（也被称为"挫伤"）、撕裂伤和割伤，它们可能是由锐器、钝器或具有碎裂力量的器具造成的。每种器具造成的损伤都不相同，软组织大多会出现损伤，但下面的骨骼不一定会受伤。损伤可以帮助调查人员了解死者的死亡方式和原因，从而推算出死亡时间。此外，工具可能会留下痕迹，从而帮助调查人员推断出致伤物。如果软组织已不复存在，那么由钝器、锐器或弹道造成的骨骼损伤仍然有助于重现当时的场景。

相关章节

参见

肢解
30页

工具痕迹分析
76页

人物简介

安提斯提乌斯
（Antistius）
约公元10年或11年去世
古罗马医生，公元前44年解剖了恺撒大帝的尸体。他发现了23处刺伤，其中只有一处是致命的。据说，这份验尸报告是有史以来在凶杀调查中使用医学知识的第一份记录。

基思·辛普森
（Keith Simpson）
1907—1985
英国法医病理学家、英国法医学协会的创始人之一和主席。他写了一本有关法医病理学的小册子，其中描述了损伤对尸体的影响。这本书至今仍在出版。

本文编者

卢西娜·哈克曼

▶ 尸体上的伤口可以说明死亡方式和原因。

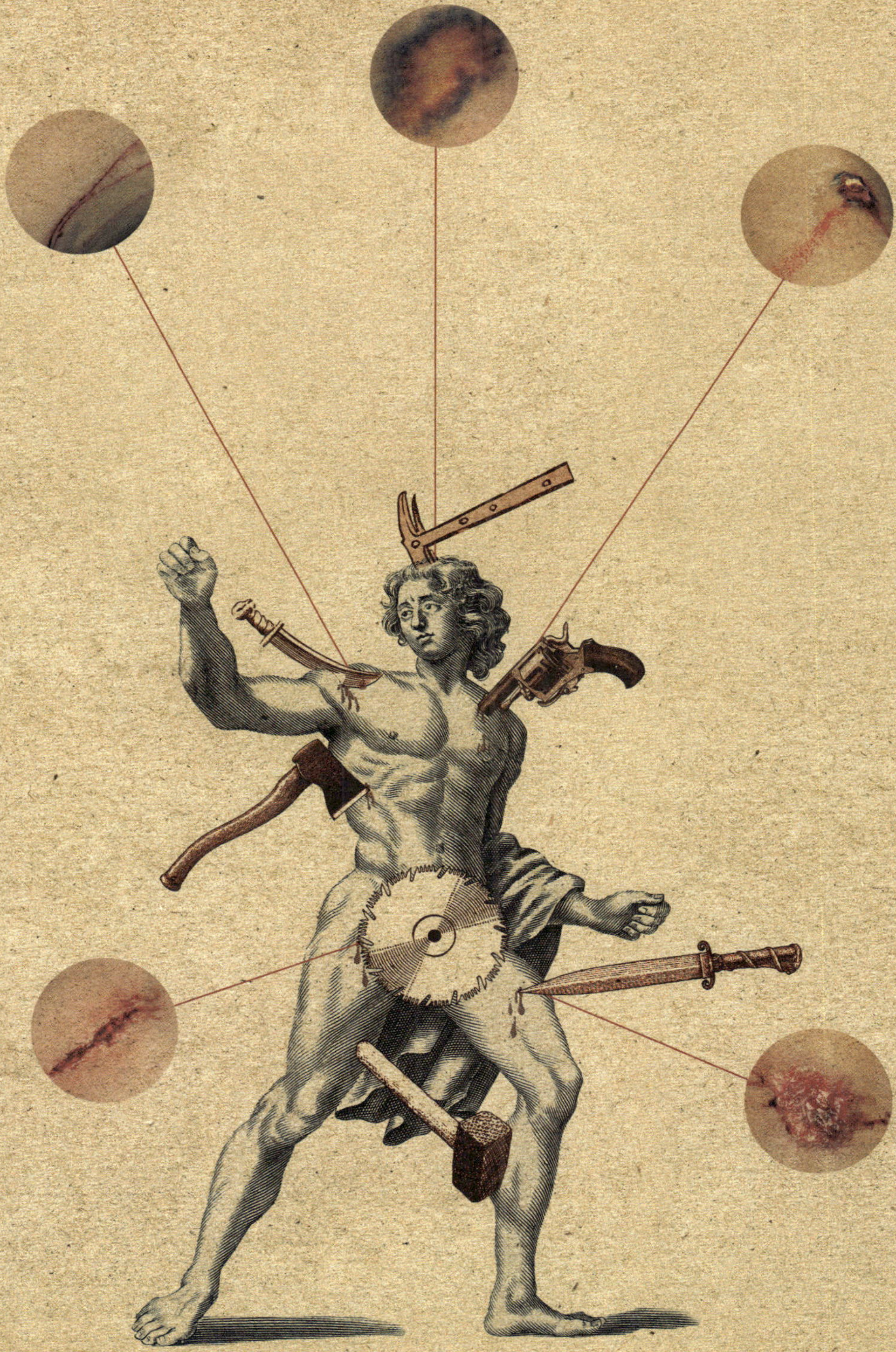

肢解

场景

肢解尸体的犯罪行为通常发生在故意杀人或过失杀人之后，最常发生在受害者或行凶者的家里。一般来说，行凶者与受害者彼此认识，往往会涉及吸毒或酗酒，而且很少是有预谋的或是连续作案的。研究人员将肢解分为五类：防卫性肢解是最常见的，直接原因是行凶者想要掩盖罪行、处理尸体或隐瞒受害者身份；攻击性肢解是先前杀人的攻击性情绪的一种延续，可以称为"过度杀戮"；侵占性肢解往往说明行凶者在肢解过程中获得了性满足或快感；死灵肢解是指保存尸体的某个部位作为战利品或是出于恋物癖而保存尸体某个部位；传信肢解是将肢解当作向他人发出警告的一种手段。通过检查被肢解的尸体，调查人员可以了解到很多信息，因为在大多数情况下，行凶者会在受害者的骨骼上留下切割痕迹，调查人员可以通过这些痕迹得到有关凶器类型、肢解时尸体的位置和肢解顺序等信息。

人物简介

比尔·哈格隆德
（Bill Haglund）
1943—
法医人类学家，著述颇丰，担任过国际刑事法庭卢旺达大屠杀和前南斯拉夫内战的高级法医顾问。在这两次事件中，肢解十分常见。

海利内·海凯宁-尼霍姆
（Helinä Häkkänen-Nyholm）
1971—
芬兰心理学家，对有关肢解的心理学颇有研究，并出版了相关著作。此外，她还是一位犯罪侧写师，并担任芬兰警方的顾问。

本文编者

卢西娜·哈克曼

▶ 肢解可能是行凶者的一种仪式，这说明他是施虐狂；也可能仅仅是其处理尸体的一种方式。

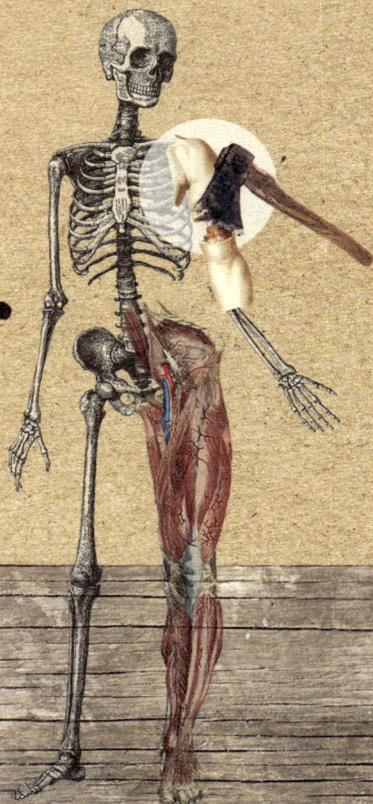

Fig. I.

生物特征识别 ❶

术语

自动生物特征识别　一种不需要操作人员的身份识别方法。

自主神经系统　不受意识控制的一部分神经系统。

行为特征识别　一种通过行为、习惯或行动来识别某人的方法，比如步态分析，即走路方式分析。

口腔拭子　一种在口腔内采集脸颊内侧样本以进行DNA测试的取样装置。

铜版体、德尼利安体和斯宾塞体　具有独特特征的可识别的笔迹。

拷贝基因　通过基因复制产生的遗传物质。少数重复序列仍保持活性。参见"假基因"。

指纹残留物　手指接触到物体表面时沉积的分泌物。

基因组　一个细胞或一个生物体所有遗传物质的总和。

遗传热点　基因组内变异较大、会导致遗传多样性的区域。

瘢痕疙瘩　突然高出皮肤表面的隆起性瘢痕。

基因座　基因组中任何一个基因、基因的一部分或具有调控作用的DNA序列在染色体上的位置。

眼科医生　专门研究眼睛和眼眶疾病的医生。

足病学　关于足部和踝部疾病治疗的临床专业。

假基因　基因组中存在的、与正常基因非常相似但不能表达的一段DNA序列。参见"拷贝基因"。

短串联重复序列 亦称"微卫星"。短串联重复序列是由2到6个碱基重复串联而成的DNA序列，这些DNA序列的重复次数差别很大，变异性很高。因此，短串联重复序列是DNA指纹分析的标准手段。

割裂基因 真核生物基因的编码序列被若干非编码区（内含子）分割，这类基因就被称为"割裂基因"。

DNA 指纹图谱

场景

1986年以来，将从犯罪现场采集的样本与个人进行匹配的法医学测试一直是法医学领域的一个有力工具。DNA指纹图谱彻底改变了法医生物学，现在被视为法医实践的黄金标准。DNA指纹图谱有这样一个优点，那就是血液、唾液、精液和皮肤细胞产生的DNA指纹图谱是相同的。因此，可以将通过口腔拭子得到的DNA指纹图谱与从血液样本或刀柄、药物包装等触摸表面获得的DNA指纹图谱进行比较。该测试敏感性很高，仅需不到200个细胞，一般来说，与物体接触几秒钟就足以留下这些证据。每个人的DNA都是独一无二的，但我们不可能检测整个基因组，所以我们会选择几个高变区，即"短串联重复序列"。1994年开始使用4个短串联重复序列基因座，如今它们仍然是DNA指纹图谱的基石。随着时间的推移，更多的基因座被添加进来，现在一般会检测16～24个基因座——检测的基因座越多，两个人存在相同图谱的概率就越小，即使他们是近亲。

人物简介

彼得·吉尔
（Peter Gill）
1952—
英国法医学家，在DNA指纹图谱技术的发展初期就参与其中，曾协助办理了第一起案件。可以说，DNA指纹图谱技术的几乎所有发展都离不开他，其中包括混合DNA指纹图谱技术及其解释。

本文编者

阿德里安·利纳克尔

▶ 从体液和皮肤细胞中提取的DNA可能会将嫌疑人与犯罪现场联系起来，也可能用于排除无辜者。

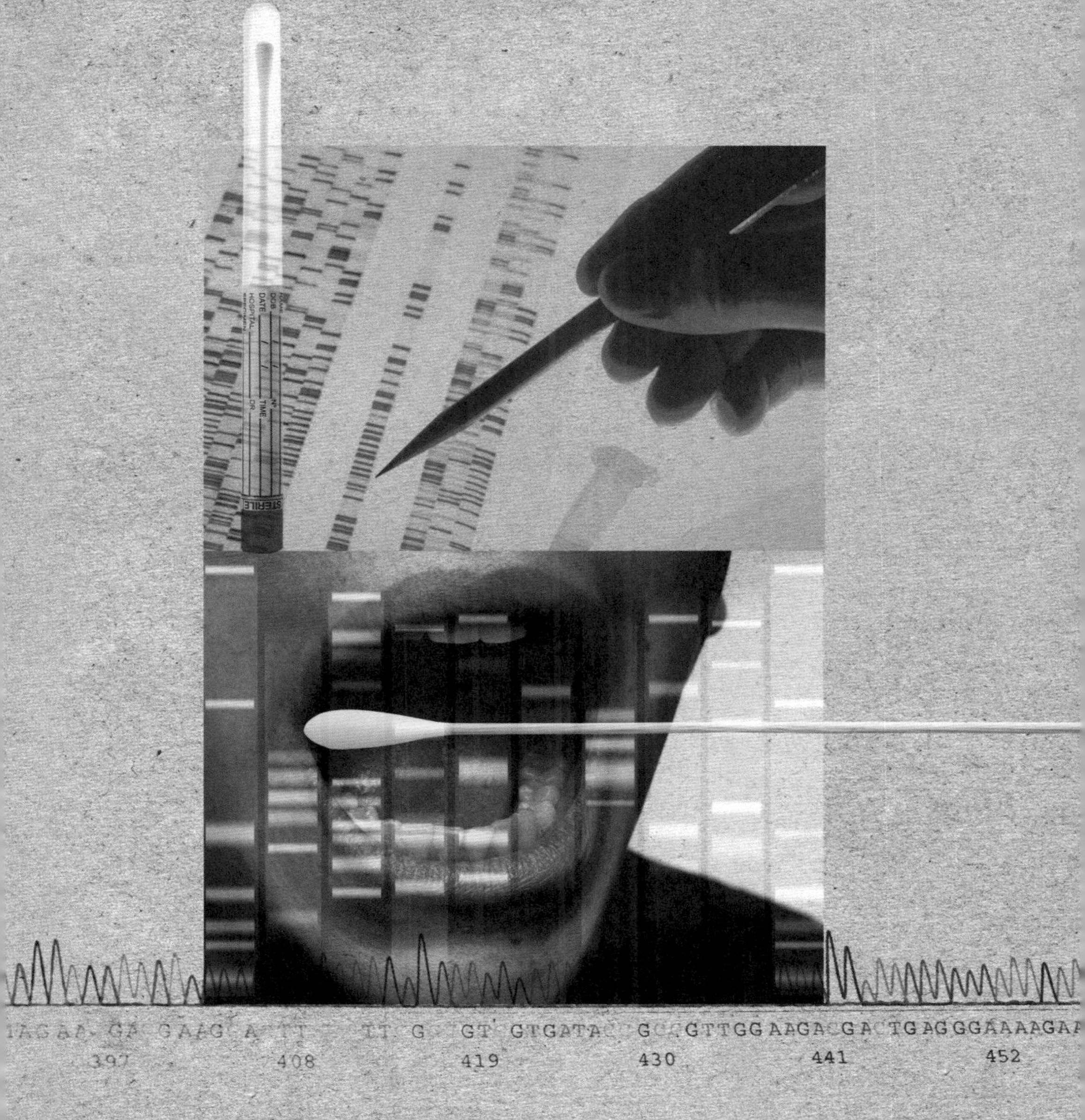
STERILE
408
419
430
441
452

指纹分析

场景

线索

指纹分析是指将沉积在物体表面上的指纹可视化，并将观察到的特征与数据库中或已知个体的指纹进行比较。

证据

指纹的质量取决于手指与物体表面的接触情况、当事人是否容易留下痕迹，以及指纹的新旧程度。有些表面会吸收不同部分的指纹残留物，因此具体选择哪种增强技术由表面而定。指纹无法识别的情况也存在，瓦工等从事粗活的人可能会因为皮肤磨损而失去指纹。

几乎所有人都有指纹。19世纪以来，人们开始在刑事案件中提取并对比摩擦脊的斗形纹、箕形纹和弓形纹。粉末、化学品或不同的光源可以用来检测人触摸物体表面后残留的天然油、氨基酸、蛋白质和其他分泌物，从而将指纹呈现出来。随后调查人员会对指纹进行拍照，并将拍摄的指纹与某人的指纹或存储在数据库中的数百万个指纹进行比较，由此生成一个潜在指纹对比列表。自动指纹识别系统（AFIS）在这一过程中最为常用。最后，调查人员会对匹配的指纹进行判断，他们会研究指纹的各种特征，包括整体图案和纹路走向、特定区域的摩擦脊数量，以及被称为"特征点"的细节特征。这种对比过程简称为"ACE-V"，即评估（Assessment）指纹图像的质量，对比（Comparison）复原的指纹特征，鉴定（Evaluation）指纹是否来自同一个人，以及对其他检验人员的独立分析结果进行验证（Verification）。

相关章节

参见
DNA指纹图谱
36页

人物简介

弗朗西斯·高尔顿
（Francis Galton）
1822—1911
设计了最早的指纹分类方法之一，目前该方法在某些地方仍在使用。

威廉·詹姆斯·赫舍尔
（William James Herschel）
1833—1917
英国官员。普遍认为，他率先提出每个人的指纹都是独一无二的，而且指纹在人的一生中不会发生实质性变化。

亨利·福尔兹
（Henry Faulds）
1843—1930
苏格兰医生，1880年在《自然》杂志上发表文章，建议将指纹用于身份鉴定。

本文编者

尼亚姆·尼克·达伊德和苏·布莱克

▶ 19世纪，人们已经了解了指纹的独特性及其在身份识别方面的价值。

Beginnings of Finger-printing — 1859 & 1860 — Selected originals, and Enlargements

An early experiment in finger-printing

1888   1859
29 years interval

An early experiment in finger-printing

Novem. 1913   June 1859
54 years' interval
The longest known proof of persistence.

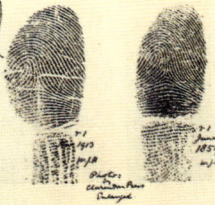

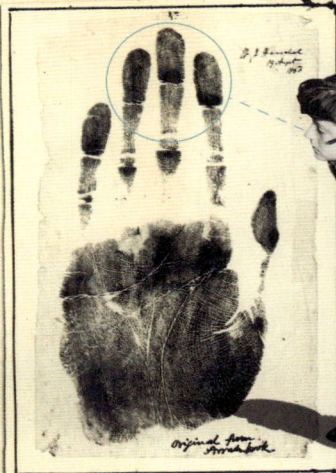

Original from Frenk book

解剖学鉴定

场景

人体在表现形式上具有高度多样性。利用这种多样性，我们可以比较死者和失踪人口，识别犯罪嫌疑人和受害者。皮肤提供了很多有助于确定身份的解剖学特征，包括36种不同的肤色。肤色并不一定均匀，有时会有成片的雀斑、胎记、黄褐斑或痣，它们的位置和形状没有特定的规律。皮肤可能遭到破坏，有瘢痕疙瘩，或者因为染料（文身）、异物（皮肤植入物）、打洞而发生永久性改变。此外，皮下静脉图像也可用于识别个人。皮下静脉图像因人而异，现在已有高风险机构在设置进入权限时将其作为可靠的生物识别特征。我们每根手指关节处的皮肤皱褶均不相同。人体并非自身的镜像，其不对称性意味着人与人之间的差异足够大，可用于法医鉴定。同卵双胞胎亦是如此，他们没有完全一样的解剖学特征。

人物简介

伦道夫·丘吉尔夫人
（Lady Randolph Churchill）
1854—1921
19世纪，英国富人中掀起了一股文身热。伦道夫·丘吉尔夫人——珍妮·丘吉尔十分大胆。据说，她在手腕上文了《塔木德经》中永恒的象征——一条用嘴咬住尾巴的蛇。虽然没有照片证明，但据说她用长袖和手镯遮挡文身，以防止公众看见。

本文编者

苏·布莱克

▶ 解剖学鉴定依赖识别视觉上的差异，包括痣、瘢痕、人体艺术等。

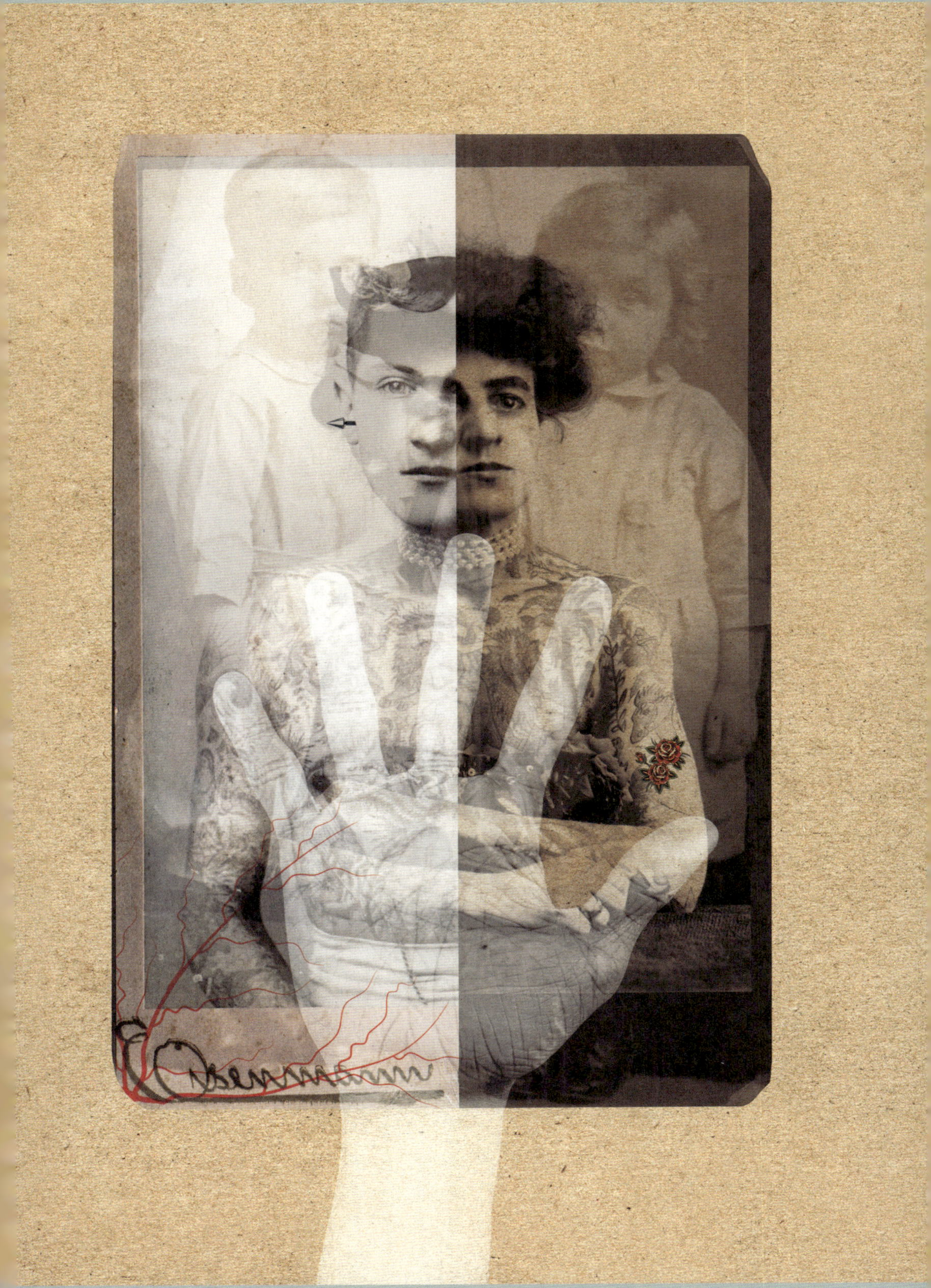

1950 年
出生于英国牛津

1972 年
毕业于牛津大学默顿学院，获得生物化学学士学位

1975 年
在牛津大学获得博士学位。其研究对象是培养的哺乳动物细胞的线粒体

1984 年
研究表明，DNA 在个体之间存在差异

1985 年
为移民案件提供证据

1986 年
获选英国皇家学会会员

1988 年
王室诉科林·皮奇福克（Colin Pitchfork）案——科林·皮奇福克成为第一个因 DNA 证据被定罪的人

1992 年
成为英格兰莱斯特的荣誉公民

1994 年
因对遗传学的贡献而被授予"爵士"称号

1996 年
荣获阿尔伯特·爱因斯坦世界科学奖

2004 年
荣获英国皇家学会的皇家奖章

2014 年
荣获英国皇家学会科普利奖章

2017 年
获封"荣誉勋爵"称号

亚历克·杰弗里斯爵士

亚历克·杰弗里斯（Alec Jeffreys）8岁时，他的父亲给了他一套化学装置，这套化学装置从此成为爆炸和难闻气体的来源。12岁时，杰弗里斯开始解剖大黄蜂和死猫，并开启了探索大自然之旅。后来，他获得奖学金，在牛津大学默顿学院开始了学习生涯。1972年，他获得了生物化学学士学位，1975年又获得了博士学位。那时，他已经投身医学遗传学的研究。

1984年，杰弗里斯做了一项DNA实验，想要弄清楚他手下一名技术人员家人的DNA样本为什么存在差异。正是这项实验让他灵光乍现。他意识到，个体的DNA并不完全相同，也许可以通过DNA来鉴定身份。

杰弗里斯曾为几起备受瞩目的法律案件提供咨询服务，第一次是在1985年，他帮助解决了一起涉及加纳儿童的有争议的移民案件。涉案儿童的家庭关系十分复杂，但杰弗里斯证明，孩子父亲的DNA指纹图谱可以通过孩子的DNA指纹图谱绘制出来，他最后确认该儿童属于这个家庭，从而满足了官方的要求，使该儿童被允许进入英国。

1988年，杰弗里斯第一次利用DNA确定谋杀犯。在这起案件中，科林·皮奇福克因在英格兰莱斯特郡强奸并杀害了15岁的林达·曼恩（Lynda Mann）而被判有罪。皮奇福克随后承认了1000多起猥亵事件，并承认杀害了林达。

尽管杰弗里斯在法医学领域实现了巨大的全球性突破，但他更钟情于医学遗传学。他开发了强大的新技术来检测遗传信息从父母遗传到孩子身上时发生的自发性变化。这些所谓的遗传热点有些自相矛盾。它们导致了基因重组，而重组又导致了遗传多样性，并推动了进化。不过，具有讽刺意味的是，这一过程也非常有利于抑制重组的突变。这些突变可能会阻止遗传热点的正常工作，最终阻止重组。因此，正如杰弗里斯所说："遗传热点中包含着自我毁灭的种子。"此外，杰弗里斯还是第一个发现拷贝基因、割裂基因和假基因的人。

杰弗里斯获得了诸多奖项、奖章和荣誉学位，并于1994年因对遗传学的贡献而被女王陛下封为"爵士"。2017年，他又获封"荣誉勋爵"。他表示，想放松的时候，他喜欢去康沃尔郡冲浪，读一些"没有什么营养的"小说。

苏·布莱克

步态分析

场景

证据

2007年至2016年期间，共有13只被肢解的脚被冲到加拿大不列颠哥伦比亚省的海岸上，这些脚外面套着袜子和鞋。尸体在海水中已经腐烂，脚与躯干已经分离，但因为鞋的帮助，脚得以保持完整。随后，这些脚的主人多数被确定为意外溺水而亡。人们认为，随着制鞋技术的进步，鞋子的重量更轻，可以漂浮起来，因此更容易被冲到岸边，仿佛踏板漂浮装置一样。

法医步态分析需要匹配两组视频图像，比较嫌疑人的走路方式。一组图像通常来自犯罪现场附近闭路电视系统的摄像机，另一组通常是被警方拘留的嫌疑人的图像。步态分析不仅要研究嫌疑人的下肢运动，还要研究其整个身体的动态，因为行走涉及躯干、上肢、头部和颈部的同时运动。步态是一个周期性的动作，每个周期被称为一个步幅，每个步幅都由站立期、支撑期和迈步期组成。作为周期的一部分，站立期从脚跟着地，也就是脚刚刚接触地面时开始。接下来是支撑期，此时体重转移到前面一只脚上，该阶段以后面那只脚的脚尖离地为终点，随后便是后面那只脚的迈步期。调查人员还可以检查脚印，比如柔软潮湿地面上的脚印，以及鞋内的磨损情况。法医步态分析还处于起步阶段，仍需大量研究，才可以在法庭上大显身手。

人物简介

诺曼·冈恩（Norman Gunn）1924—2015
加拿大空军老兵，曾参加过第二次世界大战，同时也是一足科医生。冈恩医生是20世纪70年代第一位从事法医案件工作的足科医生，他被视为该学科的创始人。

本文编者

苏·布莱克

► 评估人体运动可能发现某个人行走或跑步方式的任何生物力学特征异常，这在对比摄像机拍摄的图像与潜在嫌疑人的图像时十分有用。

面部图像对比

场景

人脸呈立体状，复杂且不对称，表情的变化会明显改变其外观。法医面部图像对比与DNA或指纹对比不同。事实上，即使使用同一台摄像机且在受控条件下，也几乎不可能将同一张脸的两张照片精确叠加。因此，面部图像对比可能无法作为确定性的身份证明，但它可以用于排除嫌疑人，比如，脸型、发际线的位置或无法用拍摄角度、灯光或任何与图像有关的差异来解释的个别面部特征。图像可能来自较远、较高地方的闭路电视，或者来自智能手机，距离过近会导致镜头失真。一种分为六个级别的支持度量表反映了面部图像对比的相似程度。（0）"不支持"表示排除，即嫌疑人和罪犯显然并非同一人。接下来的五个级别如下：（1）有限支持；（2）适度支持；（3）支持；（4）有力支持；（5）强烈支持。值得注意的是，支持度最高就是"强烈支持"，并不能绝对认定嫌疑人和罪犯就是同一个人。

机构简介

面部识别科学工作小组
（Facial Identification Scientific Working Group）
成立于1997年
该组织成立的目的是基于图像的人类特征比较学科制定统一的标准、准则和最佳实践。

本文编者

克里斯·赖恩

▶ 现在，人们可以轻易改变或伪装自己的面貌特征，所以要想准确地将人脸与照片、视频或受害者的回忆匹配起来存在一定的困难。

CRIME CLASS

B788

Height,	1 m 76.1	Head, Lgth,	18.6	L. Foot.	27.4		Circle,	Age	Year
Eng. Hght.		" Width,	14.3	L. Mid. F.	12.6		Periph. Z.	Weight	
Outs, A,	1 m	Cheek,		L. Lit. F.			Pecul.	Build	
Trunk,		Right Ear { Lgth,		L. Fore A.	49.9	Colour of LEFT EYE.		Comp.	
Carv.,		Width.							

REMARKS RELATIVE TO MEASUREMENTS:

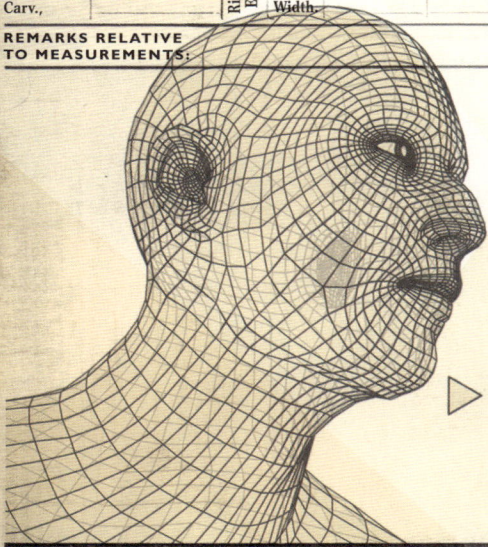

▷▷   ▷

4293

DESCRIPTIVE.

Forehead.	Incl.	Nose. Profile { Ridge		Right Ear { Border,		Hair	
	Hght.	Base	Root	Lobe,		Style Beard	
	Width.	DIMENSIONS.		Teeth,		Colour Beard	
	Pecul.	Length	Projection	Breadth			
		Pecul.		Chin,			

MEASURED AT

DATE   BY

虹膜识别

场景

眼科医生率先发现每个人的虹膜都与众不同，他们认为虹膜在身份识别方面的潜力要远远超过指纹。虹膜识别系统通过近红外波长的光电设备捕捉虹膜图像，近红外波长的光照会使虹膜上的黑色素可视化。虹膜由结缔组织构成，呈网状结构，包括拱形韧带、褶皱、隐窝、收缩沟、冠状平面和瞳孔边缘。与指纹一样，虹膜的网状结构细节丰富，可变性很高。有人说，虹膜纹理是随机的，甚至是混乱的。数学算法和特定的变换让我们可以扫描虹膜进行匹配，以达到身份识别或验证的目的。虹膜是身体不可分割的一部分，虹膜识别被视为一种安全的生物特征识别方式。但是研究表明，系统很容易被技术含量不高的方法糊弄，因此，只有融入活组织验证，才能解决这个问题。

人物简介

约翰·多曼
（John Daugman）
1954—
英裔美国人，英国剑桥大学计算机视觉和模式识别教授，"虹膜代码"（IrisCode）的发明者。"虹膜代码"是最早的一种虹膜识别系统算法。

本文编者

苏·布莱克

▶ 通过自动扫描，虹膜复杂而稳定的图案可以作为一种有效的生物识别手段。

CLASSE **1** : Impigmentés

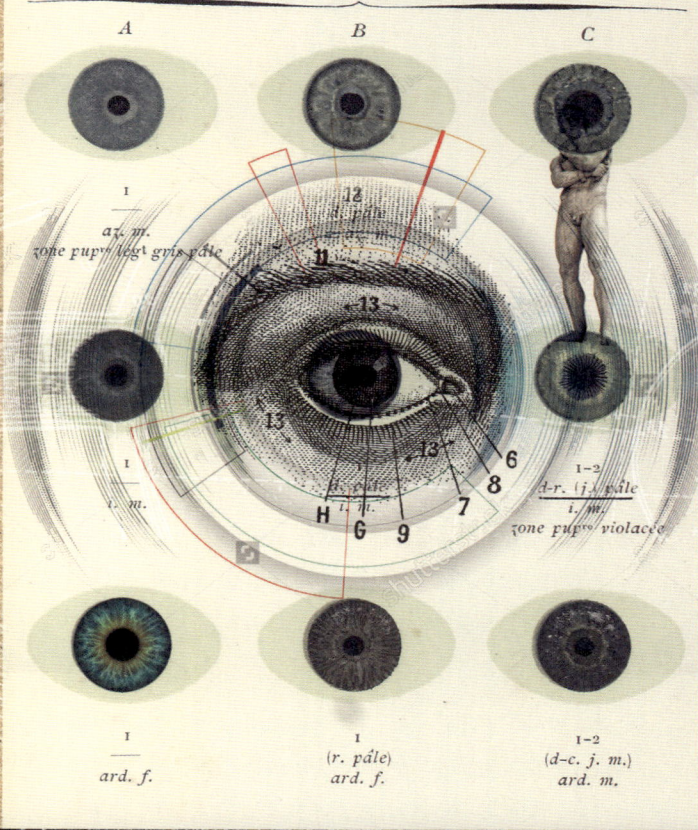

A   B   C

1
az. m.
zone pup.^r leg.^t gris pâle

1-2
d-r. (j.) pâle
i. m.
zone pup.^re violacée

1
i. m.

1
ard. f.

1
(r. pâle)
ard. f.

1-2
(d-c. j. m.)
ard. m.

Organs of Sense.
Eye.

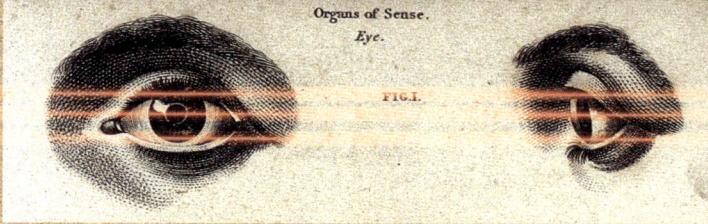

FIG. I.

笔迹分析

场景

我们从很小的时候就开始学习写字。在英国的不同时期，不同地方的学校教过不同的字体（如英文铜版体、德尼利安体和斯宾塞体）。要练好字，形成成熟的写字风格，需要经过多年的练习。因为学习经历和能力不同，每个成年人的笔迹都是独一无二的，尽管一个人的笔迹在不同时期也会有一定的差异，即有"自然变化"。我们可以分析所有与笔迹有关的因素，包括字母、数字和其他符号。签名比较特殊，因为它的写法不是别人教的，在形式上不必遵守任何惯例，而且可能难以辨认。观察到的笔迹特征（通常需要放大）包括字母的形状和结构（有些更为少见）、运笔方向（通常可以看出惯用手是哪只）、流畅性（熟练控笔的情况）。笔迹可能会被故意改变，比如为了伪装或为了模仿他人的笔迹（尤其在签名有争议的情况下），这往往会使字体变差。老年人或病人（如帕金森病病人）的书写能力会越来越差。

本文编者

迈克·艾伦

▶ 机器通过学习可以协助笔迹分析，但最终决定还是要由人类专家来做。

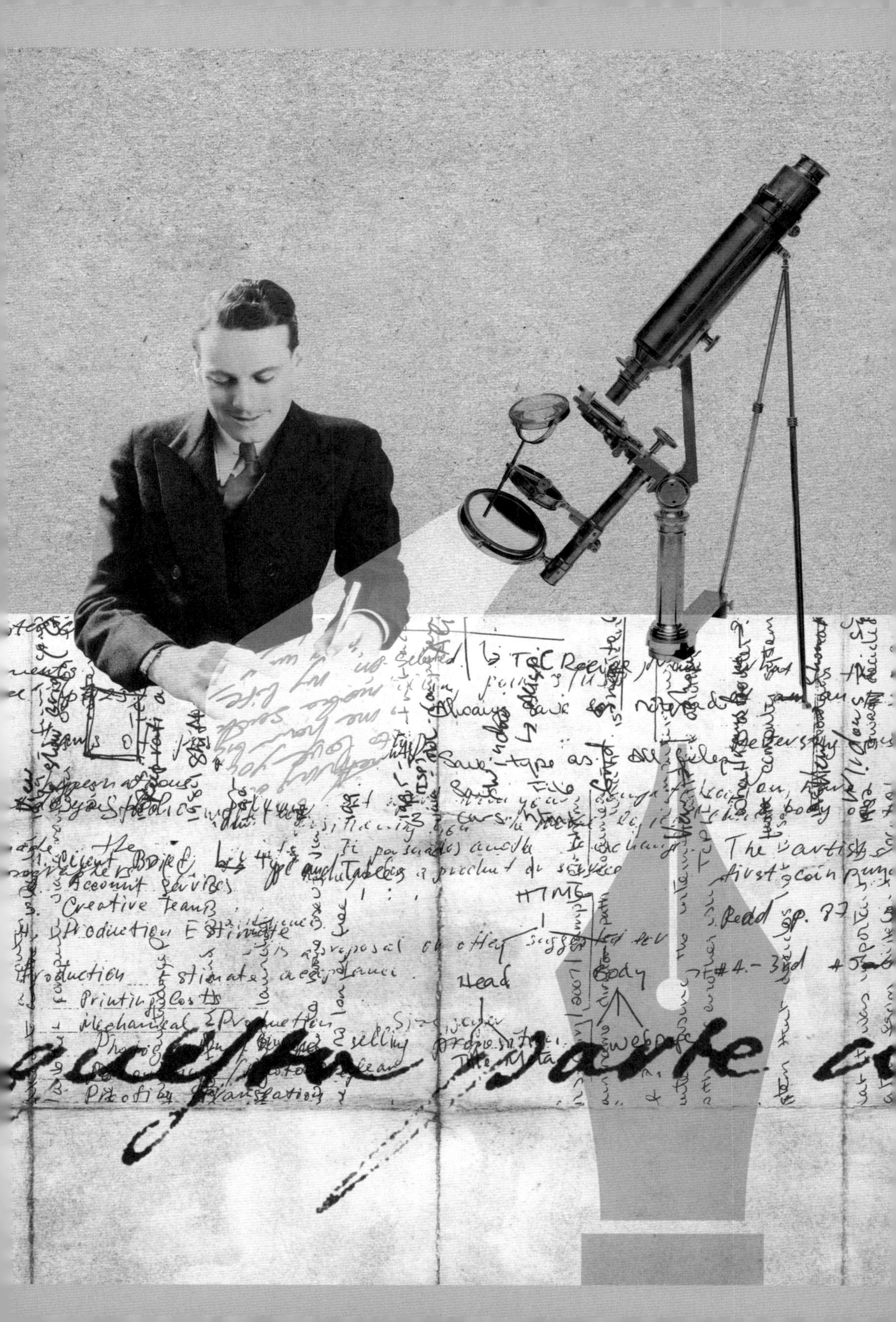

Client Brief
Account services
Creative team
Production Estimate
Printing Costs
Always save to notepad
Save type as: All files
HTML
Head
Body

痕迹 ●

术语

酸性磷酸酶检测　一种检测酸性磷酸酶的化学测试，用于检测样本中精液的含量。

淀粉酶　一种有助于淀粉变成糖的酶。检测淀粉酶可以知道样本中是否含有唾液。

苯胺　生产工业化学品所用的一种有机化合物。

化学发光　物质进行化学反应时伴随的一种光辐射现象。

假阳性　与实际不符的测试结果。

血红蛋白　红细胞中携带氧气的蛋白质。

隐色孔雀石绿测试　表明样本中血液是否存在的颜色测试。如果存在血液，其颜色会从无色变为蓝色或绿色。

鲁米诺　一种化学物质，与血液和其他一些物质相互作用时会发出蓝光。

显微术　使用显微镜来观察肉眼不容易看到的微小物体。

偏光显微镜　一种使用特殊形式的光的显微镜，可以提供关于材料结构的信息。

推定试验　即预试验，表明样本中可能存在某种特定化学物质的测试。

证明力　证据在证明案件事实方面所

起的作用。

奎宁　一种可治疗疟疾等疾病的药物。

折射率　光在真空中传播的速度与光在介质中传播的速度的比值。

微量物证　能证明案件真实情况的极少量的物质，通常肉眼不可见，在人与物体接触时会发生转移。

扫描电子显微术　显微镜使用电子束扫描物体并产生图像。

玻璃

场景

玻璃有一些特殊的属性，这些属性决定了它的破碎方式。改变玻璃的结构，如钢化玻璃，可以改变它的破碎方式。当玻璃制品被打碎时，玻璃碎片会残留在破坏者的衣物上，调查人员可以找到它们并加以分析。玻璃分析通常涉及测量材料的物理和化学特性，确定玻璃的颜色和曲率，看看它是来自窗户的平板玻璃，还是来自容器或瓶子的带有弧度的玻璃。玻璃的比较分析主要通过测量折射率，将其与从犯罪现场或其他已知来源采集的玻璃进行比较。不同类型的玻璃（如家用窗玻璃、车窗玻璃、挡风玻璃、玻璃容器）的折射率都有一定的范围，其中有一些是重叠的。有时候，调查人员还会对玻璃进行元素分析，但不同类型的玻璃分析所得的数值也会有所重叠。也就是说，虽然我们可以确定玻璃碎片来自哪种玻璃，但并不可能百分之百确定它的具体来源，除非能够像拼图一样将其拼凑完整。

▶ 法医可以通过对黏附在衣服、头发或鞋上的玻璃碎片进行分析，从而判断它是否与犯罪现场或事故现场存在潜在联系。

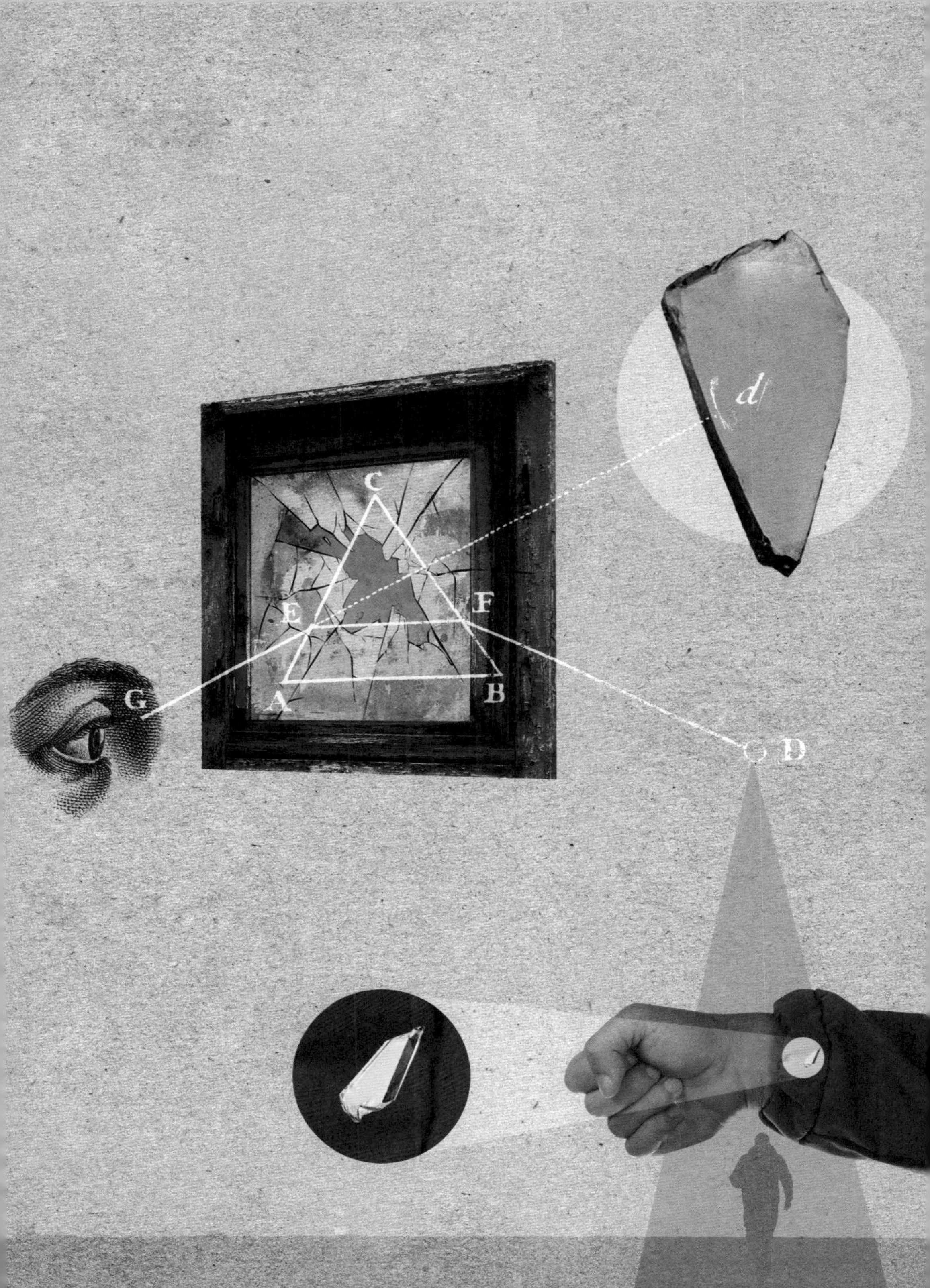
C
E
F
A
B
G
D
d

毛发

场景

在犯罪现场通常会发现毛发，因为一个人每天会自然脱落大约100根毛发。第一步是要确定毛发是否来自人体，第二步是要确定它来自人体的哪个部位。阴毛可能与性侵犯有关。与阴毛相比，头发更容易被发现。这两种毛发可以通过微观特征来区分。毛发的结构很简单，主要有三层，所有哺乳动物的毛发基本都是这样的。外层，即角质层，通常由单层细胞组成，里面是皮质层，再往里是髓质层，即毛发的最内层。根据角质层图案，可以将人类的毛发与其他哺乳动物的毛发区分开来。此外，人类毛发的直径是基本不变的，不会逐渐变细，也不会呈带状。比较毛发不仅可以区分人和动物，还可以将嫌疑人与犯罪现场联系起来。这需要从个人身上采集有代表性的毛发，因为不同部位的毛发在显微镜下观察时会有差异。例如，太阳穴附近的毛发可能比头顶的毛发细得多。

线索

毛发对比需要采集个人的代表性毛发样本，通过显微术或DNA指纹图谱，与法医调查期间收集的样本进行比较。

证据

毛发很容易从一个人身上转移到另一个人身上，比如在受害者和攻击者打斗的过程中。显微术是一种简单的无损检测方式，可以排除毛发来自某人（如嫌疑人）的可能，这意味着不需要再做进一步的测试。如果嫌疑人有类似的毛发（颜色、长度和微观结构相似），那么下一步可以使用发根生成DNA指纹图谱，因为DNA指纹图谱揭示的关联更加确定。

相关章节

参见

DNA指纹图谱
36 页

稳定同位素分析
114 页

人物简介

保罗·柯克
（Paul Kirk）
1902—1970
美国化学家，1940年撰写了《人类毛发研究》，专长是显微术。人们认为是他将法医学定义为"鉴别"和"个体化"的过程。

本文编者

阿德里安·利纳克尔

▶ 一根毛发便可以为法医调查提供宝贵的信息。长度、颜色和卷曲度是毛发宏观上的特征，髓质的DNA分析可以确定匹配度。

纤维

场景

纺织纤维可能是天然的、人造的，也可能介于两者之间。纤维很容易从一个表面转移到另一个表面，具体情况取决于纤维的性质、接收面的类型（如另一种纤维），以及活动的性质（坐着、打斗等）。在法医鉴定过程中，纤维检测首先需要从表面采集纤维，调查人员通常使用胶带粘一下表面，这样松散的纤维便会粘在胶带上。接下来，调查人员将有用的纤维从胶带上取下来，放到偏光显微镜下观察，以确定纤维的类型，如棉、尼龙或聚酯。将从受害者的衣物等已知来源上采集的纤维与用胶带采集的纤维进行比较，便可以确定它们是否属于同一类型。如果纤维被染了色，那么可以用溶剂提取染料，再与从参考样本中提取的染料进行比较。由于服装和纺织品是大规模生产的，因此在解释从嫌疑人身上提取的纤维与参考样本之间的相似性时必须谨慎。可以使用数据库辨别各种纤维是否常见；此外，时尚潮流和季节性穿着的变化也是解释证据的重要性时需要考虑的因素。

线索

纺织纤维是在犯罪现场最常发现的材料之一，它经常在各种案件中作为法医物证出现。

证据

纤维证据是一种重要的佐证，可以用于排除嫌疑人，或者把某人和某地联系起来。纤维证据在英国各种备受瞩目的谋杀案中发挥了重要作用，其中包括2001年的萨拉·佩恩（Sarah Payne）谋杀案、2003年的杰西卡·查普曼（Jessica Chapman）和霍利·韦尔斯（Holly Wells）谋杀案、2008年的萨福克郡六名妇女谋杀案。

相关章节

参见
染料和颜料
70 页

证据解释
148 页

人物简介

迈克·格里夫（Mike Grieve）1942—2002
英国法医专家，20世纪60年代在英国伦敦警察厅法医科学实验室建立了纤维部门，2003年建立了欧洲纤维小组。多年来，他一直是法医纤维检查领域最重要的一位研究人员。

本文编者

尼亚姆·尼克·达伊德

▶ 在试图确定嫌疑人与受害者或犯罪现场之间的联系时，纤维与毛发一样，经常作为证据出现。

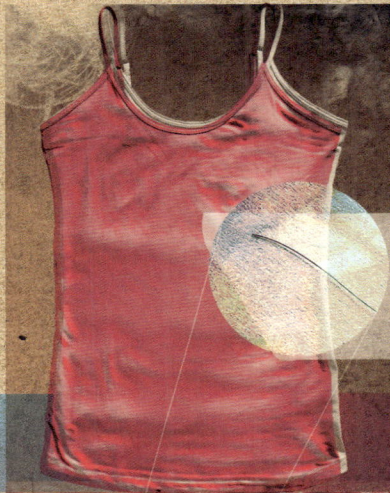

1877 年
出生于法国圣沙蒙

1902 年
在法国里昂获得医学学位

1907 年
通过律师资格考试

1908 年
前往巴黎，师从法国犯罪学家阿方斯·贝蒂荣（Alphonse Bertillon）

1910 年
在里昂成立犯罪实验室

1912 年
他所成立的实验室获得里昂警方的正式认可，成为世界上第一个警方科学实验室

1929 年
在瑞士洛桑成立国际犯罪侦查学学会

1931—1935 年
发表七卷本《犯罪侦查学》

1966 年
在里昂去世

2012 年
获得魁北克犯罪侦查学协会法国法医名人堂提名

埃德蒙·洛卡（Edmond Locard）是法医学的一位奠基人。他博学多才，在科学、医学、艺术和法律方面根基深厚。他十分支持采用科学方法分析从犯罪现场收集的潜在证据，在说服法国警方在里昂法院的阁楼上建立实验室时，他满脑子想的都是这件事。该实验室建立的目的是收集并分析从犯罪现场采集的物证。两年后，也就是1912年，该实验室正式成为世界上第一个警方科学实验室，在全球获得认可和好评。洛卡还因推动指纹研究而广受赞誉，他的研究重点是指纹汗孔的印痕。通过著作和实践，洛卡建立了检查、比较和解释指纹证据的方法。他的方法没有停留在简单比较表面的细节上，而是将痕迹和指纹的嵴线细节纳入其中。

罗卡提出了一个基本原则，用来诠释法医学证据评估和解释的基本理念，这也许是他对司法科学最大的贡献。罗卡提出的原则如下："一个人的任何行动，都不可能不留下痕迹，构成犯罪的暴力行动显然包括在内。"简言之，"凡有接触，必留痕迹"，这句话被称为"罗卡定律"。这句话的意思是，凡物体与物体之间发生接触，必定存在物质的转移。这种转移可以是单向的，即从一个物体转移到另一个物体，也可以是双向的，即物质在两个物体间互相转移。罗卡定律已经成为犯罪侦查学的基石，强化了来自犯罪现场、受害者和被控告人的痕迹物证的重要性。就当前的法医学实践而言，在特定环境或活动的背景和框架下解释并评估采集的痕迹物证是专家证人的核心作用。要想充分评估罗卡定律，我们在研究证据的转移、持久性和采集方面还有很长的路要走。他告诉我们，理解和科学地验证"凡有接触，必留痕迹"这样一句简单的话，在解决刑事案件中具有何等重要的探索意义。

尼亚姆·尼克·达伊德

油漆

场景

油漆是一种非常常见的材料，在住宅和商业建筑以及车辆上随处可见。建筑物中使用的油漆和车辆上使用的油漆类型不同，但通常都由多层组成。油漆含有多种成分，包括赋予颜色的颜料、将各成分固定在一起的黏合剂、承载颜料和黏合剂的溶剂，以及产生特定效果的其他添加剂，如使油漆更容易散开的添加剂。法医学领域提到的油漆，通常是指从衣物、车辆表面或工具（如螺丝刀）上采集的多层油漆碎片。找到油漆碎片后，调查人员会将其置于显微镜下检查，以确定其层数，然后将其与从犯罪或事故现场采集的油漆进行比较。如果它们的宽度、颜色和顺序相同，那么调查人员还会对每一层的化学成分做进一步的分析。调查人员首先用显微镜，然后再用可以确定化学成分的仪器来检测它们的化学性质。

人物简介

阿尔伯特·亨利·芒塞尔（Albert Henry Munsell）1858—1918
美国画家、美术教师，发明了芒塞尔色系，采用数字描述颜色，该方法至今仍被使用。

本文编者

尼亚姆·尼克·达伊德

▶ 碰撞发生后，油漆分析专家可能根据犯罪或事故现场找到的油漆碎片缩小车辆品牌、型号，甚至制造年份的范围。

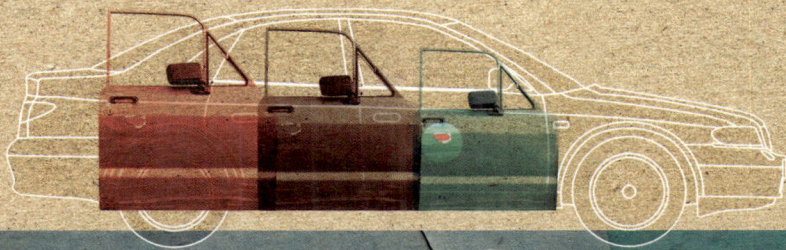

体液

场景

线索

如果在法医调查中碰到体液，那么第一步便要做推定试验，然后根据样本绘制 DNA 指纹图谱。这里所说的推定试验也可用于分析体液的混合物，如血液和精液。

证据

DNA 指纹图谱是确定细胞主人的绝佳方法，但如果体液来源未知，则其证据力会降低。将体液与个人联系起来，就有可能进一步确定体液是如何及何时转移的。

体液主要有三种：血液、精液和唾液。如果不知道是哪一种体液，那么所产生的 DNA 图谱将没有什么参考背景，可能无法提供有用信息，不过仍能够表明与某人存在潜在的关系。体液要经过一系列推定试验，对于血液来说，试验主要依赖血红蛋白存在时发生的颜色反应。隐色孔雀石绿与红细胞中的血红素发生反应，颜色会从无色变为蓝色。此外，鲁米诺也被用来检测血液，如果存在血液，则会产生化学发光现象。虽然鲁米诺的灵敏度极高，但这种测试需要在黑暗中进行，如果存在植物过氧化物等其他化学品，则会出现假阳性，因此在报告结果时需要谨慎。精液可以通过酸性磷酸酶检测来鉴定，如果有精液存在，则可以很快得到阳性结果。如果存在淀粉酶，则表明有唾液残留。淀粉酶只存在于少数体液（如胰液）中，但与血液或精液的检测不同，它的检测至少需要 30 分钟才能完成。

相关章节

参见

DNA 指纹图谱
36 页

血迹分析
82 页

人物简介

卡尔·兰德斯坦纳（Karl Landsteiner）1868—1943

奥地利生物学家、医生、免疫学家，1901 年区分了主要血型（现在被称为"ABO 血型系统"），并在 1930 年获得诺贝尔奖。

本文编者

阿德里安·利纳克尔

▶ 调查人员可以在犯罪现场使用化学品来检测残留的体液。其中，鲁米诺早在 1939 年就已被使用。由于灵敏度极高，它能够检测只有百万分之一含量的血。

射击残留物

场景

枪弹在发射出去时，会伴随着热气、燃烧和未燃烧的推进剂、金属碎片、微量的底火混合物（点火用的化学品）。这些物质通常被称为"射击残留物"。射击过程中产生的动态压力不仅会使射击残留物沿枪管向前射出，还会使其从后膛和枪管的缝隙中排出。射击残留物可能会在射击者身上和周围覆盖一层细颗粒物。对枪击现场进行法医学检查时，调查人员会记录并采集可见的痕量射击残留物样本，这有助于确定枪口到目标的距离，还有可能将其与发现的武器、衣服或嫌疑人进行对比分析。通常情况下，射击残留物分析可用于确定嫌疑人是否开了枪，其依据是底火的微量成分，而非是否存在燃烧和未燃烧的推进剂。在射击残留物分析中，法医学家要分析是否存在组成底火制造过程中使用的化合物的元素——铅（Pb）、锑（Sb）和钡（Ba）。

人物简介

让·塞缪尔·保利
（Jean Samuel Pauly）
1766—1821
瑞士枪械师，1808 年与弗朗索瓦·普雷拉（François Prélat）共同设计了第一个带有底火的独立弹壳，并获得了专利。

本文编者

格兰特·汤姆森

▶ 开枪会留下多种线索，可以证实或推翻与枪支有关的死亡、受伤或意图。

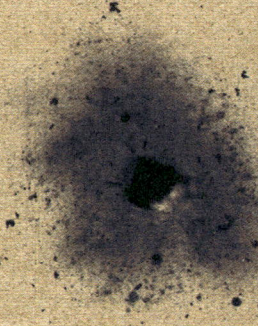

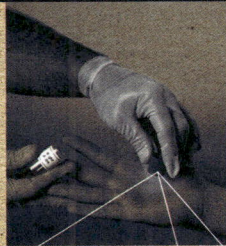

染料和颜料

场景

染料和颜料分析通常属于化学分析，需要了解染料或颜料的有机组成和元素组成。染料主要用于给织物着色，不过，有些染料也用于调制墨水。颜料可以根据化学性质和溶解度进行分类。颜料是固体材料，可以选择性地反射和吸收不同部分的可见光。颜料不溶于溶剂，因此可以悬浮。与染料一样，颜料有合成的，也有天然的。有些颜料，如赭石和氧化铁，从史前时代就被用作着色剂。它们可以给墨水、化妆品、织物和油漆上色。具有法医学意义的很多材料（如爆炸物、毒品和体液）的推定试验都会用到染料。此外，染料还是各种用于指纹分析的化学增强技术的组成部分。在法医学领域，相关检验需要从可疑样本中提取染料或颜料，并将其与从特定样本中提取的染料或颜料进行比较，以证明二者是否存在潜在的关联。

人物简介

威廉·亨利·珀金
（William Henry Perkin）
1838—1907
英国化学家，18 岁时在试图合成奎宁时发现了首个苯胺染料。

本文编者

尼亚姆·尼克·达伊德

▶ 分析证据中的颜料和染料，可能有助于证实或排除嫌疑人。

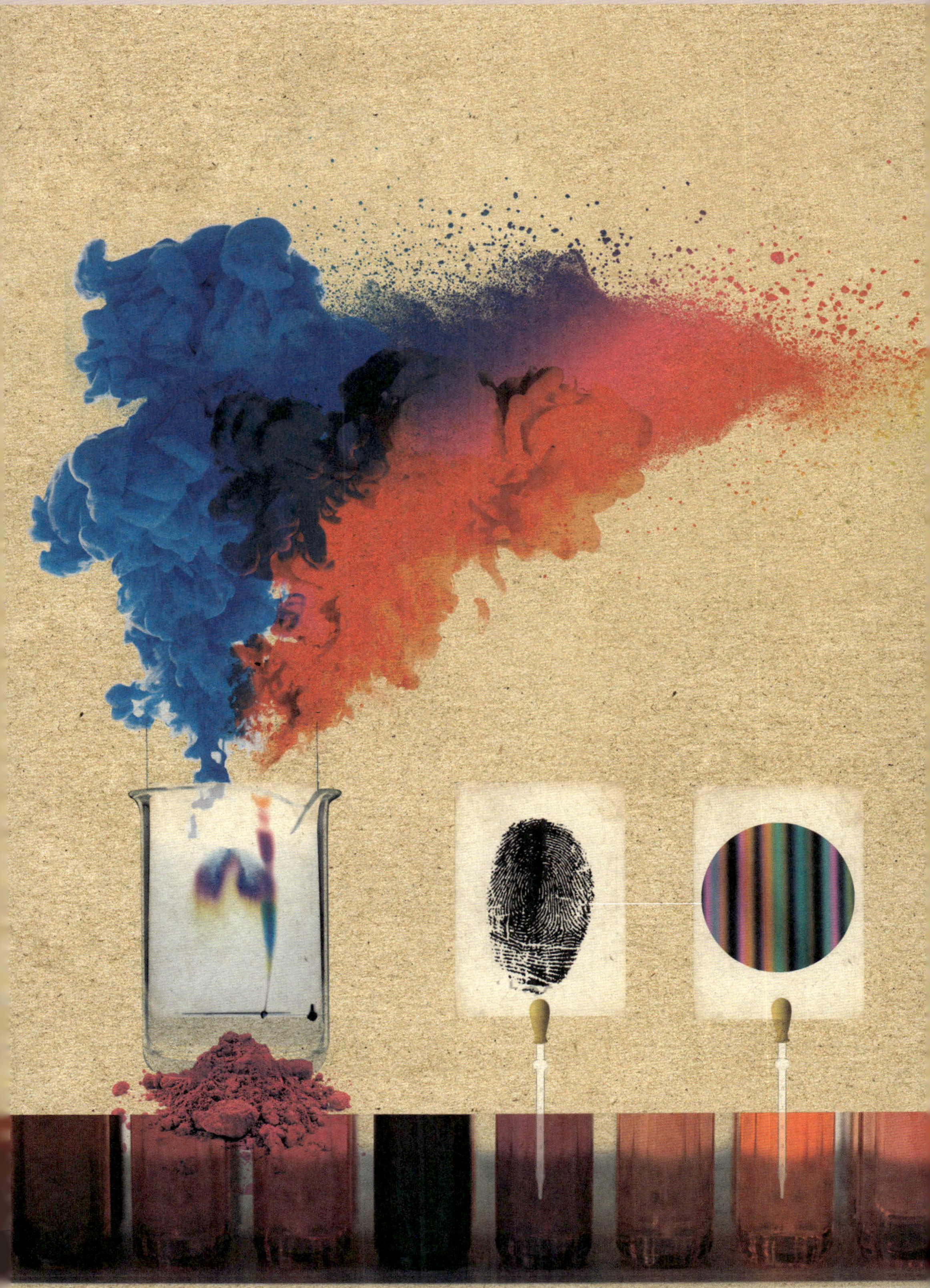

物理和化学分析 [1]

术语

生物转化 物质在体内的变化。药物和毒素的代谢就是生物转化的一个例子，即改变药物或毒素分子，使其更易溶于水，以便通过尿液或粪便排出体外。大多数生物转化发生在肝脏中，但也可以发生在身体的其他部位，包括肠道和肾脏中。

层析 基于化学分子的不同属性从化学品混合物中分离出单个化学分子的方法。分离后，首先可以通过简单的显色反应或探测器来确定化学分子为何物。接下来，将分离出的分子的显色反应或检测器结果与参考材料进行比较。参考材料是已知的，对显色和检测器的反应也是已知的。最后，可以用质谱仪（参见下页）确定各个组分。

证实试验 即确证试验，证明样本或材料混合物中存在某种特定化合物的试验。通常情况下，检测人员会做两次独立的证实试验，以消除对结果的怀疑，这一过程也被称为"验证"。

罗卡定律 只要两个人之间或人与物之间有接触，就会发生物质交换，该定律由埃德蒙·罗卡（参见63页）提出。

暴露途径 毒品进入人体的方式，如吸入、注射、吸收或摄取。

火器残留物 即射击残留物（参见68页）。

弗赖伊规则 美国一些法院使用的专家证据可接受性规则，要求有一定的科学人士普遍接受某项技术的可靠性。

掠射光 以一定角度照射到表面的光线，通常用于拍摄印痕、指纹和工具痕迹。

陀螺式自旋 枪弹从线膛枪中射出时产生的旋转。

自制爆炸装置/简易爆炸装置 使用市场上可以买到的普通化学品和其他材料制成的爆炸装置。

质谱仪 一种将化学分子按特征模式分解成更小的碎片，使其得以识别的机器。

惯技 做某事的特定方式。该术语经常用来描述犯罪手法。

新精神活性物质 为规避特定毒品立法而生产的一系列合成化学分子的总称。新精神活性物质原来被称为"策划药""合法致幻药品""新型毒品""浴盐"或"研究用化学品"。这些滥用物质不受国际毒品管制法律的控制，但可能构成公共健康威胁。"新"这个字不一定是指新创造的物质——有些新精神活性物质早在40年前就已合成，而是指最近在毒品市场上出现的物质。

滑膛和线膛 描述的是武器上使用的不同类型的枪管。滑膛指枪管内没有膛线，而线膛指枪管内侧有多个沟槽。参见"陀螺式自旋"。

工具痕迹分析

场景

线索

在法医学领域，工具痕迹分析通常会将嫌疑人使用的工具特征与从犯罪现场找到的痕迹进行对比。

证据

确定犯罪过程中所使用的工具类别，特别是在涉及犯罪惯技的情况下，有助于调查人员获得情报，并避免不必要地提交不符合相关犯罪行为审查标准的工具。例如，如果确定一系列盗窃案均使用了一把5毫米的方柄平头螺丝刀，那么调查人员可以不用检查同样大小的圆柄螺丝刀。

工具是一种为实现某种特定功能而设计的手动操作的器具。犯罪分子可能需要这些工具打开有锁的地方，如剪断挂锁或强行开门。比较罕见的尸体肢解也可能涉及工具的使用。当较硬的工具接触到窗框等较软的基材时，工具的印痕、条纹和痕量证据就会留在基材上。工具痕迹可能由压力、侧向力和运动（动态）、切割或重复锤击产生。分析工具痕迹可以确定所使用工具的类型和大小（类别特征）、附带的制造商标（子类别）和随机缺陷，包括意外损坏（个体特征）。如果可以，最好在犯罪现场采集印有工具痕迹的整个物证，使用1∶1的微距摄影制作实际尺寸的图像，再使用硅橡胶基材为工具痕迹制作模型，最后将用可疑工具制成的测试件与采集的犯罪痕迹进行对比。

相关章节

参见
肢解
30页

埃德蒙·罗卡
63页

油漆
64页

火器分析和弹道学
78页

人物简介

汉斯·格罗斯
（Hans Gross）
1847—1915
奥地利法学教授、法官、法医学先驱。他撰写了《预审法官手册之物证技术学》（1891年），其中提到了工具痕迹的记录和制模，以及用显微镜检查痕迹的必要性。

本文编者

格兰特·汤姆森

▶ 工具与武器一样，既具有类别特征，也拥有个体特征，可以在与之接触的物体表面留下痕迹。

火器分析和弹道学

场景

线索
火器分析包括比较发射的弹丸特征以确定火器类型，以及确定采集的证据和可疑火器之间是否存在关联。

证据
一般来说，扣动火器的扳机，撞针会推向前方撞击底火。底火受到撞击会发生化学反应，导致气体迅速膨胀，进而迫使弹丸冲出管子，射向目标。这一化学反应会产生热量、烟雾和颗粒物质，它们通常被称为"射击残留物"（GSR）或"火器残留物"（FDR）。

火器，如大炮，是一种包含一根管子的装置。在动能的推动下，弹丸从这根管子中射出，奔向预定目标。现代火器在装填、发射、萃取和弹射过程中均伴随着机械动作，这些动作赋予了弹壳和弹丸（如枪弹）一定的特征。分析其类别特征可以确定火器的品牌和型号，而分析其个体特征则可以反映制造过程中的缺陷、磨损以及可能的意外损坏。有膛线的枪管内有一系列螺旋槽，枪弹穿过枪管时沿长轴进行陀螺式自旋。通过检查枪弹软质基材上的膛线痕迹，调查人员便可以鉴别火器的口径、品牌和型号。一旦找到可疑火器，调查人员就会进行试射，比较弹壳或枪弹上的重复痕迹和缺陷，以确认它们之间是否具有足够的一致性。

相关章节
参见
射击残留物
68 页

工具痕迹分析
76 页

人物简介
亚历山大·J.福赛思
（Alexander J. Forsyth）
1768—1843
射击手，1807年发明了撞击式点火系统。这种系统使用的是雷酸盐，在现代枪支的演变中起到了关键作用。

杰拉尔德·伯拉德
（Gerald Burrard）
1888—1965
著有多部关于枪支的著作，如《枪支鉴定和法医弹道学》（1934年）。在这本书中，他主张使用显微术和摄影术来满足陪审团对证据的要求，即弹丸和火器之间存在共性。

本文编者
格兰特·汤姆森

▶ 弹道分析研究的是火器、弹丸及其所接触的物体。

鞋印

场景

由于鞋底的大小和设计不同，所以我们可以通过鞋底相对容易地将鞋子区分开来。例如，大多数运动鞋的鞋底由橡胶或聚合物制成，有的是从大片的分层材料上切割下来的，有的是通过模压制成的，并且可能包括多种元素，如线条、人字形、圆圈等。此外，磨损的鞋底具有磨损特征和可区别的缺陷，如切痕。当穿鞋的人经过犯罪现场时，他的鞋底会留下痕迹，有的是显而易见的三维痕迹，有的是留在灰尘或血液等污染物上的二维痕迹。二维痕迹可以用掠射光检测出来，或者用化学检测技术进行增强。调查人员可以根据鞋印的位置重现可能发生的动作，甚至确定参与的人数。如果将获得的鞋印与其他鞋印进行比较，则可以确定不同案件之间的联系。此外，调查人员还可以将鞋印与参考鞋印进行匹配，以找到有关品牌、型号或尺寸的信息，或者从鞋印数据库中确定潜在的嫌疑人。如果发现了某个人的鞋，调查人员还可以将该鞋的鞋印与从犯罪现场采集的鞋印进行比较。调查人员可能同时分析一般特征和获得性特征，就鞋印来源是否相同提出建议。相关证据可以用于排除嫌疑人或说明二者关联度极高。

线索

鞋印是我们穿鞋行走时留下的痕迹，可以说明我们在哪里出现过，有哪些相关的轨迹和活动。

证据

尽管鞋子一般都是大规模生产的，但因为市场不断发展，鞋底种类繁多，模具各异，而且存在很多微小的变化，所以鞋底很容易被区分开来。95%以上的鞋底设计及其相关印迹可以通过肉眼观察来区分。此外，也可以用编码系统来描述鞋底特征，这有助于利用现有的鞋子数据库来鉴别可能的鞋子类型。

人物简介

威廉·J.博齐亚克
（William J. Bodziak）
1946—
联邦调查局专家，擅长分析鞋印和轮胎印，著有《法医鞋印证据》一书。博齐亚克是很多著名案件的关键专家证人，如1995年O.J.辛普森（O. J. Simpson）的案件。

本文编者

克里斯托夫·尚波

▶ 用于在光滑或湿滑的表面上提供牵引力的鞋底，会在犯罪现场留下痕迹。通过这些痕迹，我们就可能找到相关的鞋子。

血迹分析

场景

线索

血液是法医学最常碰到的体液，常常用来创建DNA指纹图谱。

证据

作为一种关键的重建方法，血迹的形态（如大小、数量和形状）可以提供大量的信息。图案至关重要，一个血点并不能构成一个图案，但调查人员可以观察多个血点，并确定它们是否有类似的焦点，从而重建犯罪现场。调查人员只需观察血迹，就可以说明发生的是暴力袭击还是自卫。

许多暴力袭击属于流血事件。因为导致流血的动作不同，所以血迹的形态（如大小、数量和形状）也会不同。例如，枪击留下的血迹与刺伤或伤口滴血产生的血迹截然不同。因此，通过观察血迹形态，调查人员就有可能判断出相关的原因。解释血迹图案是犯罪现场调查的一部分，如果再结合数学、物理学和生物学等学科的知识，调查人员就可以得出相关结论，提供造成血迹及其图案的事件的相关信息。因此，血迹分析是一种重建方法，可以提供有关犯罪行为动作的信息。

当血液离开身体时，血液呈球状移动，血球的大小和力的大小之间存在一个简单的关系，即力越大，血球越小。如果血球以90°的角度落在表面上，那么表面会产生一个圆形的斑点，但是随着倾斜角度的增大，斑点会变细、变长。由于风的阻力，较小的血球移动的距离较短。因此，调查人员结合血迹的形态，就可以推断出相关的动作。

相关章节

参见
DNA指纹图谱
36 页

体液
66 页

人物简介

保罗·L.柯克
（Paul L. Kirk）
1902—1970
美国化学家、血迹分析的始祖。1954年，他在美国俄亥俄州诉塞缪尔·谢波德（Samuel Sheppard）一案中提供了宣誓书。这个案件十分重要，因为血型符合弗莱伊测试，所以被美国很多州认为是可以接受的。

本文编者

阿德里安·利纳克尔

▶ 高分辨率照相术是捕捉暴力袭击证据的有用手段。血液飞溅形成的血迹形状、数量和大小可能说明使用的武器类型或袭击的角度。

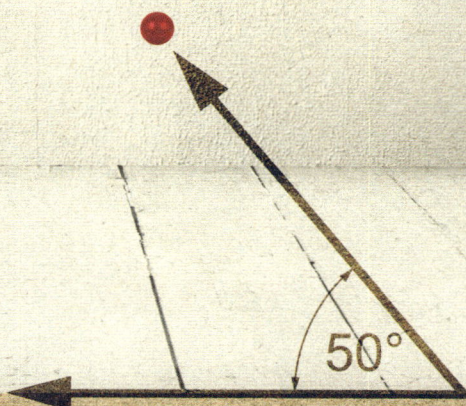

1791年
出生于英国纽因顿布茨（现英国伦敦南华克区）

1813年
担任英国皇家研究院化学助理

1821年
被任命为英国皇家研究院助理院长；发现了电磁旋转，即电动机背后的原理；与萨拉·巴纳德（Sarah Barnard）结婚

1824年
被选为英国皇家学会会员，发起英国皇家学会圣诞讲座

1825年
被任命为英国皇家学会实验室主任，发现苯

1831年
发现电磁感应，发明电磁发电机

1832年
获得牛津大学荣誉博士学位

1833年
当选第一位富勒化学教授

1835年
获得国王颁发的王室年俸

1845年
发现抗磁性

1846年
对造成95名矿工死亡的哈斯韦尔煤尘爆炸事件进行详细调查

1847年
发现胶体金的光学特性，这被视为金属纳米粒子的基础性发现

1859年
首次实现灯塔的电气照明

1862年
获得剑桥大学荣誉博士学位

1867年
逝世于伦敦汉普顿宫钦赐的恩典之屋

迈克尔·法拉第

迈克尔·法拉第（Michael Faraday）小时候只接受过短暂的教育，14岁时他开始给一个订书匠当学徒。在此期间，他读了很多书，产生了对科学的兴趣。在学徒期即将结束时，他聆听了汉弗莱·戴维（Humphry Davy）在英国皇家研究院和英国皇家学会举办的讲座。他将自己做的讲座笔记寄给了戴维，他们从此建立了持续一生的关系。戴维也因此聘用法拉第为英国皇家研究院的化学助理。1813—1815年，法拉第跟随戴维在欧洲各地考察，接触到欧洲大陆的诸多科学家。

随着事业的发展，法拉第的化学才能得到了认可。他研究了各种气体的液化现象，研究了钢合金，开发了一系列具有不同光学特性的新型玻璃。此外，他还发明了各种满足自己研究需要的实验工具。他最著名的成就可能集中在电学、电化学和电磁学领域，他在这些领域有很多新颖的发明。

法拉第是虔诚的基督徒，是桑德曼派（苏格兰教会的一个分支）的信徒，曾在教会担任长老。此外，法拉第还将自己的技能和知识用于公益事业，对工业污染和煤气爆炸事件进行法医调查，并作为专家证人出庭作证。

法拉第热衷于教育事业，积极投身于科普工作。1825年，他发起了英国皇家学会圣诞讲座，该系列讲座至今仍在举办。1862年，他在公立学校委员会面前为大不列颠的教育提供证据。他是一位颇具天赋的公共演说家，将乐趣和实验融入讲话中。

法拉第一生撰写了各种教科书，还写了很多有关自己所做研究的信件。他获得了无数奖项，包括皇家奖章、科普利奖章、拉姆福德奖章和阿尔伯特·爱因斯坦奖章，当选了诸多国家科学院的院士。他也不止一次拒绝担任英国皇家学会会长，并拒绝获封"爵士"称号。重要的是，迈克尔·法拉第是科学界的一位博学之士，他对周围的世界充满了好奇，而且热衷于实验和交流，乐于展示如何利用科学来加深我们对世界的理解。

尼亚姆·尼克·达伊德

可疑文书分析

场景

可疑文书通常是一份纸质文件，其中有迹象表明该文件的内容遭到了篡改，文件的作者不明，或者文件的真实性存在问题。到目前为止，最常见的检验方式是调查对文本或签名进行的修改或变更。在此过程中，调查人员可以使用不同的光照对写就文书所用的墨水特性进行比较，看看是否使用了不止一种墨水。此外，还可以检验书写时产生的印痕，看它们是否与实际文书相符。可疑文书下面可能会有纸张，调查人员也可以检验下面这张纸上的印痕，例如，可以检验笔记本中可疑改动纸张下面的那张纸。如果是匿名文书，则要对可疑文书进行实物检验，以确定所使用的墨水类型，看其是否含有打印机留下的特殊痕迹。检验文书的真实性可能需要确定纸张类型、是否有水印或其他嵌入特征，或是调查文书使用的特定字体或墨水。

人物简介

阿尔伯特·奥斯本
（Albert Osborn）
1858—1946
著有最早的可疑文书检验教科书，是美国文件检验鉴定人学会的首任主席。

奥登威·希尔顿
（Ordway Hilton）
1913—1998
著有《可疑文书的科学检验》一书，该书成为可疑文书检验人员的主要培训教材。

本文编者

尼亚姆·尼克·达伊德

▶ 对可疑文书的分析可以提供某个人与被篡改的文本之间存在关联的证据。

火灾现场调查

场景

线索

火灾现场调查会用到化学、物理和工程领域的各种知识，以便了解火灾是如何发生的以及火势是如何蔓延的。

证据

火灾现场调查通常由多个技术专家团队负责。他们会通力合作，尽量确定火灾发生的地点和原因，以及火势是如何蔓延的。在某些情况下，由于损害严重，他们可能无法确定火灾发生的原因，但会给出一个最可能的原因。火灾发生的原因可能包括化学或生物反应造成的材料过热、电气故障造成的材料过热、雷击或故意点火（纵火）。

火灾现场调查人员接受过如何确定火灾发生地点和原因的培训。他们经常参与研究火势蔓延的过程，研究中他们会用到各种信息和知识，如热会对材料造成什么影响、燃烧的具体方式是什么。建筑物内部的火势蔓延有明确的顺序，建筑物表面和结构会遭到不同程度的破坏，如烧焦、变色或损坏，它们被称为"燃烧痕迹"。通过解释这些痕迹，调查人员可以尝试重现火灾最可能的发生顺序。火灾现场调查的第一阶段是收集火灾发生前的背景信息。接下来就要对火灾现场进行仔细的逐步调查。调查人员利用观察到的燃烧痕迹和损害情况来确定火灾最可能发生的地点。在此过程中，调查人员通常要层层清理残留物。一旦知道了起火点，下一步就要考虑火灾原因了。常见的原因包括电器过热和故障、阴燃或故意点火。火灾现场调查人员还可以参与确定建筑物中火势是如何蔓延的。他们的研究被用于刑事案件和民事案件中，并可以对建筑物、家具、电器和车辆的建造与设计方案提出建议。

人物简介

罗伯特·玻意耳
（Robert Boyle）
1627—1691
英裔爱尔兰化学家，英国皇家学会的创始人之一，致力于研究燃烧的基本化学性质。

本文编者

尼亚姆·尼克·达伊德

▶ 火灾发生后，调查人员会系统、逐层地清理残留物，以便收集火灾留下的实物证据。

药物

场景

线索
法医药物化学家检测由警方和海关等查获的未知物质，以确定其中是否含有管制药物。

证据
除了大麻、可卡因、苯丙胺、摇头丸和海洛因等传统毒品，越来越多的新型毒品不断出现，它们通常被称为"新精神活性物质"（NPS）。2008年以来，已有700多种新型毒品面市。与传统毒品相比，这些新精神活性物质的使用并不普遍，而且很多毒品在黑市上出现和消失得非常快。

药物会在使用者体内引起化学或生物（生理）变化。有些药物可以不受限制地销售，如布洛芬，也有一些可以作为处方药销售。有些药物因为对个人和社会存在潜在的危害，并且有很高的被滥用的风险，所以会依法受到管制。许多受管制药物具有医疗用途，如止痛药二乙酰吗啡、用于治疗焦虑症的地西泮。有些受管制药物没有医疗用途，系非法制造品，如摇头丸。缴获的可能含有管制药物的样本往往是粉末、片剂或植物原料，它们在法医药物检测实验室里接受检测，其外观会被记录。样本首先要进行推定试验，一般是简单的显色反应，试验结果会提供所涉药物的化学家族的信息（如海洛因属于鸦片制剂）。在推定试验的基础上，调查人员利用层析和质谱法等技术对药物进行证实试验，以法律承认的方式确定其中存在个别化学物质。许多受管制药物是多种粉末或片剂的混合物，成分比例多变，因此效果可能难以预测。

相关章节
参见
毒理学
92 页

人物简介
弗雷德里克·塞尔图尔纳（Friedrich Sertürner）
1783—1841
德国药剂师，1817年首次从生鸦片（提取自罂粟）中分离出吗啡。他证明了鸦片的效果主要源自吗啡这种化合物。当时，鸦片被用作止痛剂或镇静剂，而且常常作为滥用药物被吸食。

弗朗西斯·威廉·阿斯顿（Francis William Aston）
1877—1945
英国物理学家、化学家，1919年制作了第一台质谱仪。质谱仪是现代法医毒品实验室中最常见的一种科学仪器，用于检测缴获样本中的管制药物。

本文编者
克雷格·麦肯齐

▶ 大麻、可卡因、苯丙胺、摇头丸和海洛因是世界上最常见的毒品。

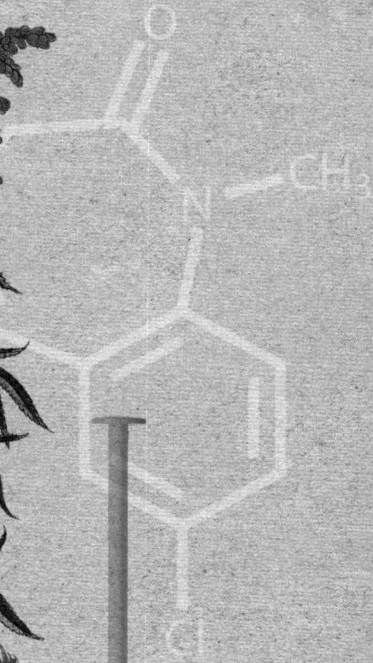

毒理学

场景

线索

法医毒理学的目的是鉴定尿液或血液等生物样本中的有毒物质，并提供这些物质会对人或动物产生什么影响的信息。

证据

有毒物质被服用后通常会在体内发生改变，这个过程被称为"生物转化"。海洛因中的二乙酰吗啡会迅速（2～6分钟）变成6-单乙酰吗啡，然后转化为有止痛效果的吗啡（6～25分钟）。在血液或尿液中检测到吗啡并不一定说明当事人直接服用了吗啡，他们还可能服用了二乙酰吗啡或止痛药可待因，因为它们被服用后在体内也会变成吗啡。

人和动物根据经验和本能知道有些物质十分危险，应该避免摄入。有些有毒物质会很快造成特定的影响，如导致伤害或死亡（急性中毒），有些则需要较长的时间（慢性中毒）才会造成影响。有些物质，只接触极少量就有可能产生毒性，而有些物质一般被认为是无毒的，只有在摄入的剂量非常大时才可能造成伤害或导致死亡。此外，危害程度还取决于暴露途径（吸入、摄取、注射或直接通过皮肤渗入）和其他因素，包括接触物质之前的健康状况。法医毒理学家负责确定尿液和血液等生物样本中的物质，最常见的物质是毒品、酒精和其他毒素。他们会计算这些物质的含量，并向警方或法院提交报告。他们可能会估计物质摄入的时间，解释他们的发现及物质的可能影响。病态（死后）毒理学对死者样本进行检验，如遇到无法解释的猝死或饮用致命物质导致的死亡时。刑事（生前）毒理学指检验从罪犯或受害者身上提取的样本，如发生谋杀、故意伤害、下药后性侵和交通肇事案件时。

相关章节

参见
尸检
14 页

毒品
90 页

人物简介

巴拉赛尔苏斯
（Paracelsus）
1493—1541
德裔瑞士医生，毒理学之父。

马修·奥菲拉
（Mathieu Orfila）
1787—1853
法国毒理学家，在很多著名的刑事案件中担任专家证人

艾丽斯·汉密尔顿
（Alice Hamilton）
1896—1970
美国医生，职业医学专家，哈佛大学第一位女教授。她研究了许多有毒物质对工人的影响，并成功为他们争取了安全的工作条件。

本文编者

克雷格·麦肯齐

▶ 毒素可以从血液、尿液和唾液中检测出来。如果长期吸毒，则可以从头发中检测出来。

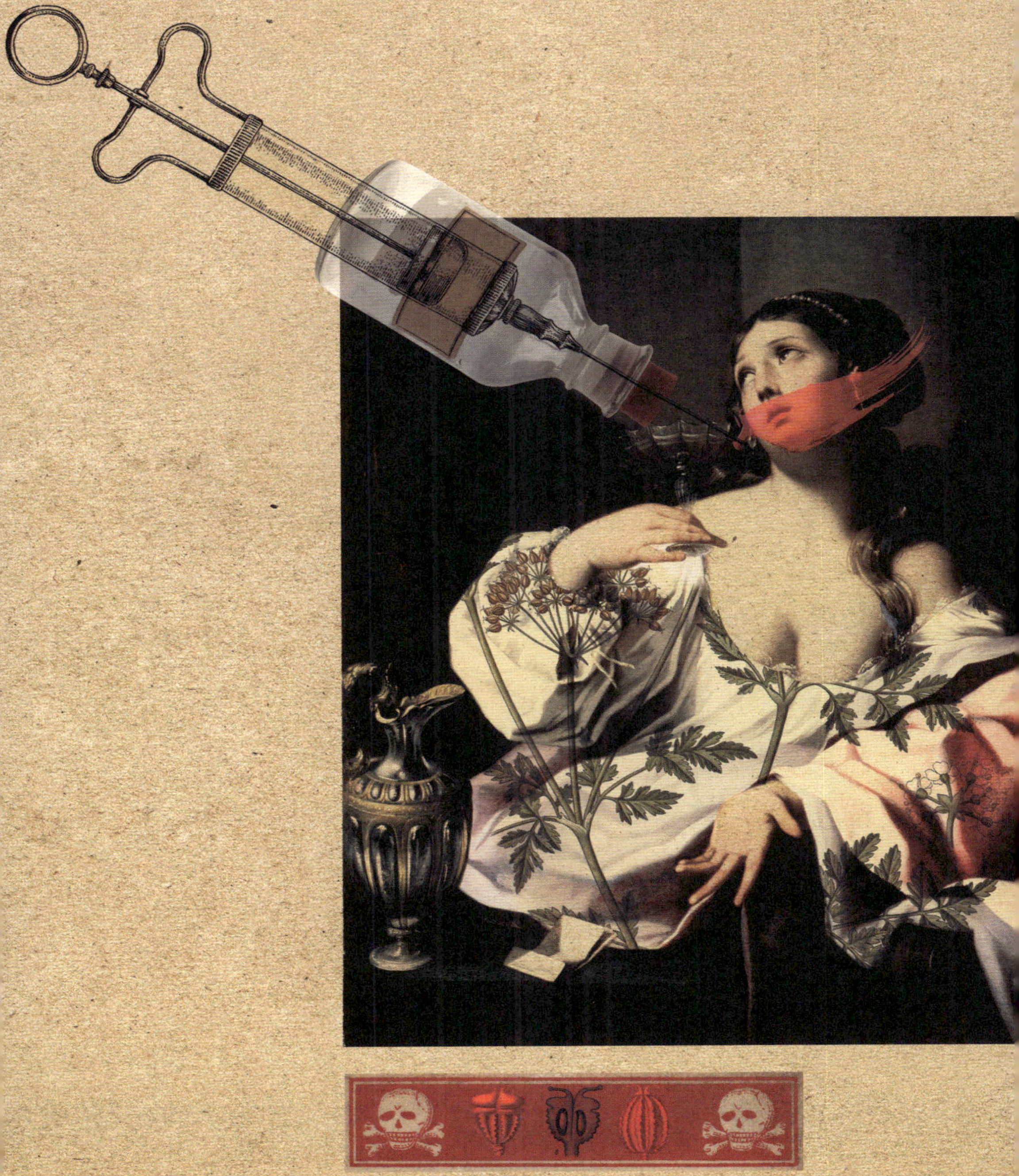

爆炸物

场景

9世纪中国人发明火药后，爆炸材料便进入了人们的视野。19世纪中期，这些材料被商业化生产，并服务于采矿和军火工业。爆炸物可分为两种，一种会爆炸（有时被称为"高威力爆炸物"，如三硝基甲苯），另外一种会燃烧（通常被称为"低威力爆炸物"，如大多数烟花）。两者的区别在于发生化学或物理反应时产生的能量从材料中向外扩展的速度不同。爆炸物也可以根据敏感性或引起爆炸反应的难易度进行分类。一级爆炸物对撞击、热量、电流或压力等刺激非常敏感，而二级爆炸物则较为稳定。爆炸沿着起爆器、雷管和主体炸药组成（最简单的形式）的"爆炸序列"发生。少量的一级爆炸物，如雷酸汞（雷管），通过电流（起爆器）引发三硝基甲苯等高威力爆炸物（主体炸药）的反应和爆炸。雷管被放置在高威力爆炸物中。定时装置、触发器或其他爆炸助推器也经常被使用。

人物简介

阿尔弗雷德·诺贝尔（Alfred Nobel）
1833—1896
瑞典化学家，因发明炸药和设立诺贝尔奖而闻名于世。

本文编者

尼亚姆·尼克·达伊德

▶ 爆炸物的推定试验一般采用显色反应。显色反应可以说明存在特定的化学键，而特定的化学键说明可能存在特定的爆炸物化合物。这种试验往往在现场进行。

CH3
THIS WAS CALLED THE "PICTURE OF THE CENTURY" WHEN TAKEN ON THE MORNING OF JUNE 5, 1901, WHEN THE MARE ISLAND AMMUNITION DEPOT POWDER MAGAZINE BLEW UP. THERE WERE NO CASUALTIES, BUT CONSIDERABLE PROPERTY DAMAGE RESULTED IN BOTH MARE ISLAND AND VALLEJO.
FRISBIE, AND SHE WAS MAKING HER MAIDEN RUN TO SAN FRANCISCO. THE COMPANY DESIRED A PUBLICITY SHOT OF THE FRISBIE COMING DOWN THE CHANNEL IN THE EARLY MORNING SUNLIGHT AFTER LEAVING HER VALLEJO DOCK AT 7:00 A.M.

自然科学证据

术语

生物恐怖 使用具有传染性的制剂或生物危害物实施恐怖主义的行为。

苔藓植物 一类植物，包括藓类、苔类和角苔类植物。

秘密坟墓 隐蔽埋葬或试图掩盖埋葬的地点。

《濒危野生动植物物种国际贸易公约》 一项保护濒危动植物物种的公约。

树木学分析 详细分析作为植物学证据的木材，以确定树种、年龄、纹理和刨削痕迹。

林德伯格法案 1932年，美国飞行员查尔斯·林德伯格（Charles Lindbergh）20个月大的儿子被人绑架。两个月后，孩子的尸体被发现。这起案件促成了《联邦绑架法案》的通过，该法案即人们所说的"林德伯格法案"。

测磁强术 测量和绘制土壤中磁力模式的方法。

甲基苯丙胺（脱氧麻黄碱） 一种高度成瘾的合成毒品，亦称"冰毒"。

微生物法医学 通过检测微生物各种特征以推测特定微生物的来源和传播途径，从而提供法律证据的微生物分支学科。

显微术 使用显微镜来观察肉眼不容易看到的微小物体的方法。

形态学 生物学的一个分支，研究的是形态和结构。

孢粉 有胚植物的孢子，包括苔藓类、蕨类孢子和种子植物的花粉。

植物分类单元 对一种植物有机体的一个或多个种群的分类。

放射性碳测年 基于放射性碳衰变来
推断年代的方法。

凭证标本 作为研究基础并留作参考
的任何标本。

法医植物学

场景

线索
法医植物学是指植物学在刑事或民事调查中的应用。

证据
1992年，丹尼斯·约翰逊（Denise Johnson）的尸体在美国亚利桑那州凤凰城附近的沙漠中被人发现，法医植物学证据将凶手的皮卡车与犯罪现场联系起来。这是第一个使用植物DNA分析的案件，分析结果显示，犯罪现场的一棵树与从嫌疑人身上采集的种荚相匹配。此外，法医植物学还可用于追踪食品、被盗或走私货物（包括非法交易的木材）的来源，以及侦破对自然资源构成严重威胁的环境犯罪。

地球上大约有40万种植物，种子、花、茎和叶都可以提供有关特定地点的信息。法医植物学家可能会到犯罪现场进行植物学调查，收集证据，提供有关优先搜索区域的信息，鉴定并分析从工具、鞋子、车辆或衣服等物品上采集的植物样本。法医植物学家可能需要重新创造一个与可疑样本来源相同的室外环境，或者作为专家证人出庭作证。植物学证据还可用于识别秘密坟墓。当土壤被翻动时，某些植物会迅速扎根于新鲜的地表，其他植物也可能会相继长出，直到该区域恢复正常。然而，新植物的组成和分布往往与原始植物群落不同。埋藏的尸体也可能从化学上改变土壤，促进或抑制植物生长。因此，与周围环境相比，被挖过区域的植被将处于不同的生长阶段。这种区别可能在动土后的几十年内仍然可见。法医植物学家还会检查死者的消化道，观察他最后一顿饭吃的是什么。根据已知的植物性食物的消化率，法医植物学家可以估算死者从吃最后一顿饭到死亡经过的时间。

相关章节
参见
法医孢粉学
106 页

法医土壤学
112 页

人物简介
奥茨
（ÖTZI）
约公元前3345—公元前3300
1991年在意大利阿尔卑斯山发现的、拥有5200年历史的冰冻尸体。在他消化道中发现的6种苔藓植物残渣揭示了他的生活方式和最后的日子。

亚瑟·凯勒
（Arthur Koehler）
1885—1967
美国木材解剖和鉴定专家，他对自制梯子的树木学分析把林德伯格绑架案中的布鲁诺·豪普特曼送上了电椅。

本文编者
洛娜·道森

▶ 植物有助于确定特定物种来自特定地点（包括犯罪现场）的可能性。

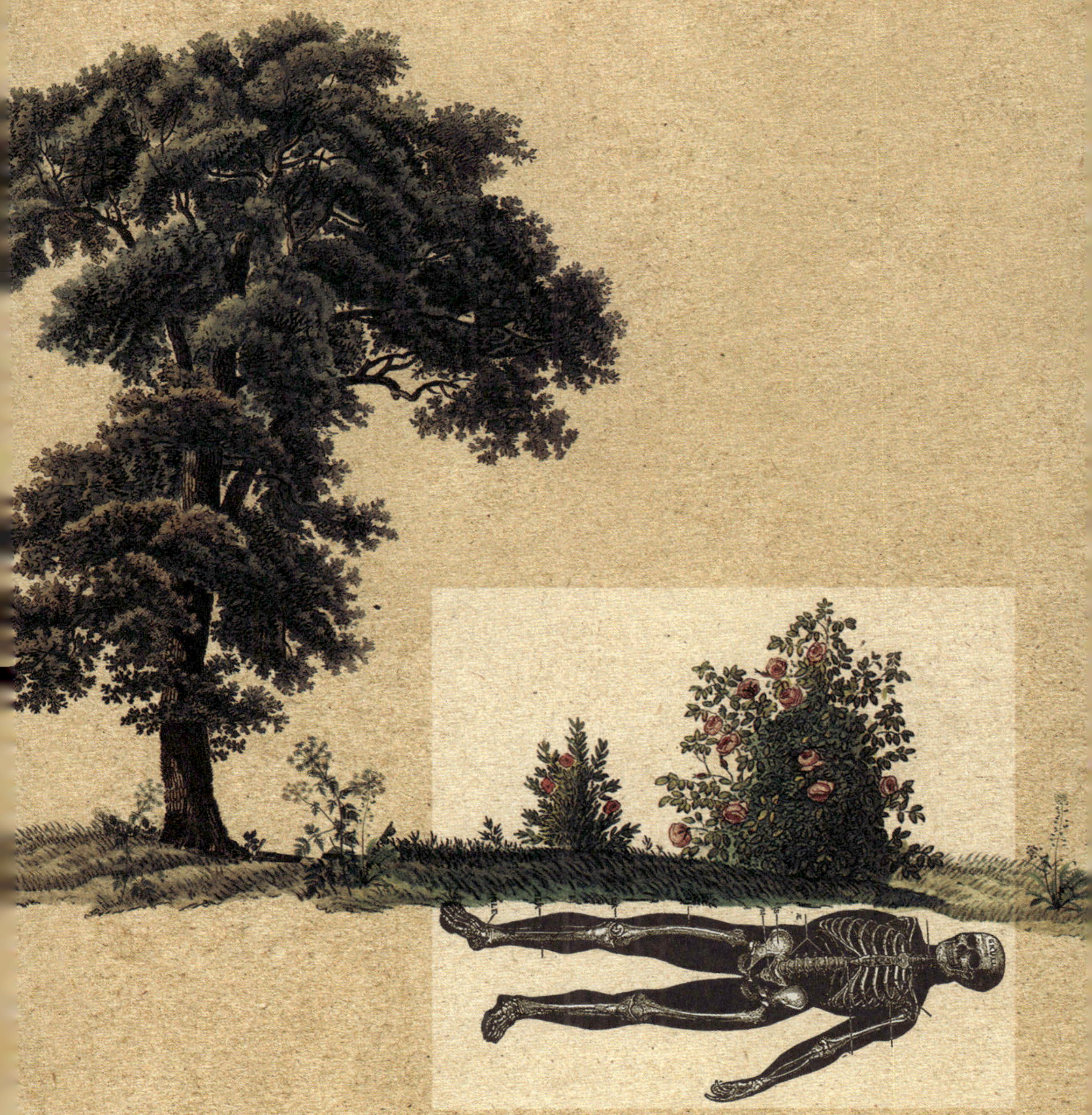

法医昆虫学

场景

因为进化，昆虫在形态和发育过程上拥有广泛的多样性。通过法医昆虫学的研究，有些生物可以告诉我们关于犯罪何时发生和死者已经死亡多长时间的很多信息。法医昆虫学聚焦滋生于人类遗骸上的食尸或食腐昆虫。随着尸体的腐败，某些昆虫和无脊椎动物会以一定的速度和次序在尸体上繁殖。分辨尸体上的昆虫种类，了解特定物种不同发育阶段的知识，有助于确定腐败状态，进而推断出大致的死亡时间。法医昆虫学家关注的主要昆虫是绿头苍蝇和甲虫，它们会经历完整或者说全变态发育过程，包括卵、孵化、生长、蜕皮和蛹等阶段。此外，法医昆虫学证据还可能有助于确定一个人是如何死亡的，尸体是否被移动过或受到过其他干扰。昆虫进食时口器在尸体上留下的痕迹可能会被误解为死者先前受到了虐待，因此在解释此类证据时一定要小心谨慎。

人物简介

宋慈
1188—1251
著有《洗冤集录》（1247年），其中描述了法医昆虫学的最初使用。在相关案件中，一把杀过人的镰刀吸引了很多苍蝇。

让·皮埃尔·梅尼安（Jean Pierre Mégnin）
1828—1905
法国昆虫学家，著有《墓中的野生生物》（1887年）和《尸体上的野生生物》（1894年），这两本书是法医昆虫学方面的重要著作，后者介绍了可预测波浪理论，即尸体上昆虫的演替。

本文编者

洛娜·道森

▶ 在尸体上发现的昆虫可以用来推断死亡时间。

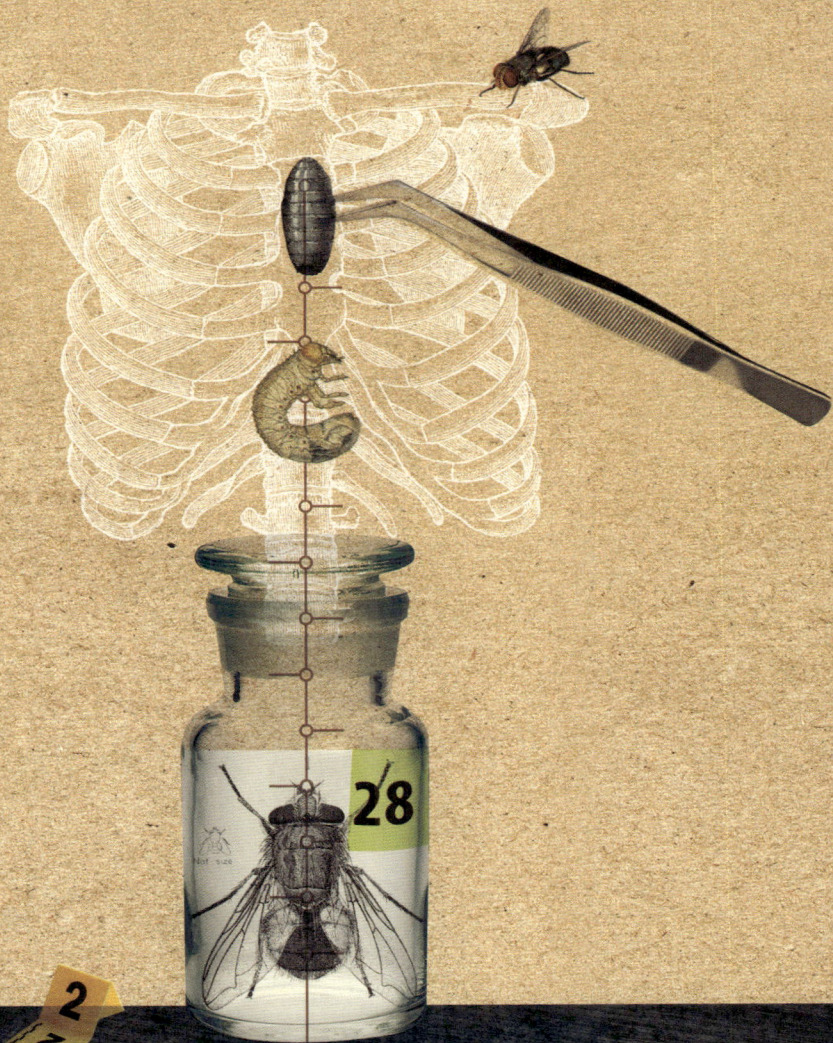

野生动物

场景

线索

野生动物非法交易是导致许多标志性物种灭绝的主要原因，但很少成为主流法医调查的重点。

证据

如果一批象牙制品被确定来自非洲大象，那么调查人员就有可能确定大象被偷猎的热点区域。全球各个地区人口的DNA略有不同，包括大象在内的很多物种也是如此。此类法医学信息可以被用来确定查获的大批野生动物制品是否来自同一个地区，进而为反偷猎工作提供帮助。

由于野生动物的非法交易，很多标志性物种要么已经灭绝，要么濒临灭绝，象牙、犀牛角和虎制品是最引人注目的非法交易品。黑市上犀牛角的售价高达每千克9.5万美元，是黄金价格的两倍多。2016年，因为象牙的非法交易，非洲有超过2万只大象被猎杀。在过去的50年里，虎制品的非法交易使得8个亚种中的4个亚种已经灭绝。野生动物交易受《濒危野生动植物物种国际贸易公约》的制约。形态学、显微术和DNA分析等法医学技术有助于立法的实施。法医学检验主要用于确定物种。举个例子，如果查获了一颗很大的长牙，形态学检查就足以确定它是大象的，还是独角鲸或河马的。缴获的样本往往已经破碎，在这种情况下，调查人员可以使用DNA分析。他们可以将缴获样本的DNA序列与已知样本（凭证标本）的进行比较，从而确定来源。已知样本通常由动物园或博物馆持有，也可以在互联网数据库GenBank中找到。

相关章节

参见
DNA指纹图谱
36页

毛发
58页

人物简介

塞缪尔·瓦塞尔
（Samuel Wasser）
约1954—
华盛顿大学的研究型教授，是大象DNA分型和DNA数据库开发领域的核心人物。

本文编者

阿德里安·利纳克尔

▶ 法医学检验可以确定野生动物制品是否来自濒危物种。尽管谴责声不断，各种保护野生动物的运动如火如荼地开展，但动物皮毛、牙、角和其他部位的交易仍是一项价值数十亿美元的全球业务。

法医孢粉学

场景

半个世纪以来，法医孢粉学一直作为一种工具，利用花粉和孢子的特征为刑事司法系统服务。花粉和孢子的采集来源极其广泛，比如，从包括人体在内的很多东西上获取。花粉和孢子可以提供携带者最后接触的地点及源环境特征的信息。它们如此有用，原因就在于它们的丰富性、多变的传播机制、对机械和化学破坏的抵抗力、微观尺寸和形态。它们形态复杂，调查人员通常通过确定其分类单元，推断出特定的生态栖息地或场景。花粉和孢子的组合可用于识别不同的环境和场景，它们很容易落到人身上，并被带离犯罪现场而不被人察觉。法医孢粉学家可以调查犯罪现场及其周围的植物物种，收集证据，判断优先搜索区域，对从鞋子、工具、车辆或衣物等物体上提取的植物样本进行鉴定和分析。

人物简介

伦纳特·冯波斯特
（Lennart von Post）
1884—1951
瑞典自然学家、地质学家，讲述了花粉在破案中的应用。他是发表花粉定量分析的第一人。

达拉斯·米尔登霍尔
（Dallas Mildenhall）
1944—
当今最有见地的法医孢粉学家，身居新西兰，专业方向包括古气候学、第四纪学、生物地层学、法医孢粉学和古环境分析。

本文编者

洛娜·道森

▶ 孢粉学可以将个人与犯罪现场直接联系起来。

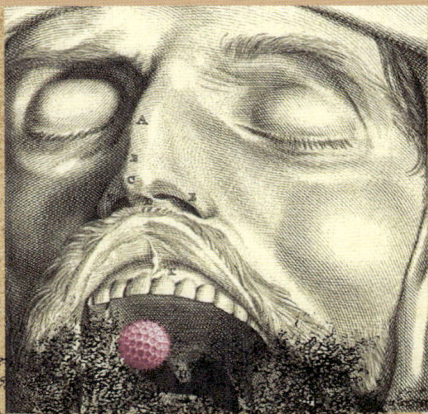

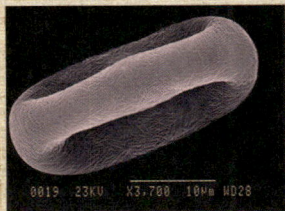

1860年
出生于苏格兰爱丁堡

1883年
毕业于剑桥大学三一学院，获得自然科学学士学位

1884年
成为苏格兰邓迪大学生物学教授

1896年
远航至白令海峡，评估海豹皮产业

1898年
因为对渔业的贡献而被授予巴斯勋章

1917年
发表原创著作《生长与形态》，成为圣安德鲁斯大学自然历史教授

1918年
在英国皇家学会圣诞讲座上发表《海洋之鱼》

1934年
成为爱丁堡皇家学会会长

1937年
获封爵位

1946年
荣获英国皇家学会达尔文奖章

1948年
88岁高龄仍在教书，最终在圣安德鲁斯的家中长眠

达西·温特沃思·汤普森

达西·温特沃思·汤普森（D'Arcy Wentworth Thompson）1948年去世，享年88岁。他是一位典型的博学之才，既是生物学家、数学家，又是古典文学学者。此外，他还是第一位生物数学家。

汤普森在担任邓迪大学教授一职时，主要负责创建一个用于教学和研究的动物学博物馆。他是一位伟大的科学传播者，既能轻松地给小孩子讲科学，又能与当时最伟大的科学家交流。他与多艘邓迪捕鲸船的船长建立了友好的关系，因此能够从北极各地获得许多标本。当被任命为特派员，参加英美在白令海峡的联合海豹调查时，他得以亲自收集标本。他最后提交的报告不仅关注海豹数量的减少，还关注海獭的濒临灭绝，以及鲸面临的威胁。他成为保护物种和发布濒危物种保护令的先驱。

《生长与形态》无疑是汤普森最伟大的著作，第一版近800页。在这本书中，他开创了在生物学中应用数学理论的先河。他的重点是研究动物和植物大小对其形状的影响。此外，他还探索了软体动物外壳和动物角的对数螺旋线，以及叶子和其他植物组成部分的排列。这本书的大部分内容写于1915年，但由于第一次世界大战的沉重打击，该书直到1917年才完成。

汤普森并不是达尔文理论的忠实支持者，他更喜欢用数学的可预测性来解释自然世界。但这并不是说他反对进化论，他只是认为进化并非真正的驱动力。人们普遍认为，他的《生长与形态》一书是有史以来第二伟大的生物学著作，仅次于达尔文的《物种起源》，这颇具讽刺意味。这本书出了很多新版本，在版100年，于2017年迎来了"百年诞辰"。

人们是这样描述汤普森的：他"个子很高，蓄着胡须，可敬和蔼，对生活和冒险有着势不可挡的热情"。汤普森拥有出色的演说和沟通能力。众所周知，他从口袋里随便掏出一个东西就可以当作演讲的话题，有一次，他甚至和一只夹在胳膊下的活鸡说话。

苏·布莱克

法医考古学

场景

线索

法医考古学采用传统的考古学方法和技术，在刑事调查和人道主义调查中定位并收集被埋藏的证据。

证据

考古学中的地层学主要研究人工制品、自然和人工地层与结构之间的顺序关系。在坟墓内或埋葬前后形成的沉积物中发现的有助于确定年代的证据，比如钱币或食品包装纸上的日期或保质期，可以帮助确定埋葬发生的最早和最晚时间。这有助于调查人员了解犯罪现场的形成过程，并最大限度地搜寻骸骨和证据。

法医考古学的重点是在刑事调查中寻找并复原被埋葬的人类遗骸和法医学证据，包括武器、毒品或金钱。标准的考古技术，比如景观调查、实地走访、航空图像分析及历史和地质地图的使用，有助于制定法医搜寻策略，找到万人坑和秘密坟墓的位置。一旦确定了可能的埋葬区域，调查人员便可以使用探地雷达和测磁强术等具有非侵入性的地球物理勘探方法来探测骸骨。地层挖掘策略指按照从最新到最老的顺序清理沉积的土壤层和人类活动形成的堆积层，目的是尽量保护受害者的尸体，防止法医学证据被污染，确定单一墓穴、万人坑、大规模灾难事件和火灾等相关事件的时间顺序。放射性碳测年有助于确定遗体被埋葬的时间，并确定骸骨属于古代，还是现代。"法医学"和"考古学"之间有一个不成文的区别，即距今70年的时间，但这并非一成不变，而取决于具体的案件。法医考古学家与从事刑事调查的其他专业人员密切合作，确保挖掘程序能够准确记录和保存现场的证据。

相关章节

参见
鞋印
80 页

火灾现场调查
88 页

法医孢粉学
106 页

法医土壤学
112 页

人物简介

约翰·亨特
（John Hunter）
1728—1793
英国法医考古学先驱，他与人合著了法医考古学的第一本著作，对该学科的发展起到了关键作用。

本文编者

黛安娜·斯韦尔斯

▶ 法医考古学家竭力保存的证据包括纤维、轮胎痕迹、鞋印和DNA。

法医土壤学

场景

地球表面的很多地方被土壤覆盖着，土壤很容易粘到通过的人或物上，尤其是潮湿的黏土或有机土壤。人们在步行、骑马、乘车或挖土时都会接触到土壤，并留下痕迹。古罗马人通过观察嵌在马蹄上的土壤来确定敌人到过哪里。土壤（或相关的地质材料、石油和汽油）可能来自城市和农村，工业或建筑过程的痕迹会增加土壤中所蕴含的信息。法医土壤学家可能会到犯罪现场收集证据，确定优先搜索区域，对从鞋子、工具、车辆或衣服等物体上提取的土壤样本进行实验室分析。矿物或化学元素的无机分析有助于确定土壤可能的地质位置，而有机分析使用烷烃和醇类等标记物或花粉特征确定特定地点的土地使用情况和植被类型。通过地图和土壤数据库，法医土壤学家可以将搜索范围缩小到与可疑土壤样本特征匹配的区域。他们还可以在刑事和民事案件中以专家证人的身份出庭作证。

人物简介

格奥尔格·波普
（Georg Popp）
1861—1943
德国化学家，首位以土壤为证据破获谋杀案的调查人员。

雷·默里
（Ray Murray）
1929—
法医地质学家，撰写了第一本关于法医地质学的图书，并利用化学和矿物学建立了当前的法医土壤学分析原则。

本文编者

洛娜·道森

▶ 法医土壤学家将生物学、物理学、化学、地质学和生态学知识用于破获谋杀、毒品和环境案件。

稳定同位素分析

场景

线索
每个化学分子都由不同比例的原子稳定同位素组成。分析这些同位素可以追踪人的行动，并提供有关毒品和爆炸物等材料来自哪里的信息。

证据
稳定同位素分析用于确定人类遗骸的来源。举个例子，2001年9月21日，一个小男孩的躯干在伦敦泰晤士河被发现。调查人员经过研究确定他来自尼日利亚西南部的贝宁，随后将其命名。通过稳定同位素分析，调查人员还可以发现制作爆炸物、合成毒品（如甲基苯丙胺）的细节，并确定某些毒品（如可卡因）的来源。

稳定同位素是材料来源的重要标志，在元素分析的基础上又增加了一层信息。骨头、软组织、头发、指甲、牙齿、土壤、水和食物都可以通过碳、氮和氢等稳定同位素加以分析，并与现场采集的样本或参考样本进行比较，从而确定死者的可能来源。制作同位素景观图谱可以展示特定地理区域的同位素特征，这是确定骨架来源最常用的方法，因为骨头和牙齿通常是死后保持完整时间最长的人类遗骸。确定受害者身份时，在没有其他可识别的特征或证据的情况下，同位素景观图谱可以提供有关受害者饮食和地理生活史的有用信息，从而助调查一臂之力，比如协助调查大规模灾难中的受害者身份。头发和指甲的同位素景观图谱可以提供一个人过去15个月左右的生活环境信息。采集头发和指甲样本时可以采用非侵入的方式，这些组织的同位素景观图谱可以提供一个人最近活动地点变化的信息。这些信息可以用来核实嫌疑人对自己行动的陈述是否属实。

相关章节
参见
法医人类学
16 页

死亡时间
26 页

法医土壤学
112 页

人物简介
詹姆斯·埃勒林格
（James Ehleringer）
1949—
美国生物学家，曾利用稳定同位素分析确定毒品的贩运路线。

本文编者
洛娜·道森

▶ 通过稳定同位素分析及其他利用骨骼、牙齿和软组织化学特征的技术，调查人员可以确定人口贩卖或大规模灾难的受害者来自哪里。

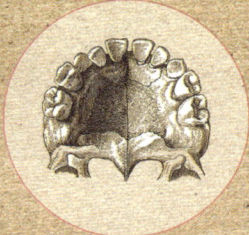

数字记录

术语

比特币 一种加密数字货币。

密码学 研究编制、分析和破译密码的学科，包括密码算法、密码协议和密码系统等设计与分析的原理、方法和工具。

网络犯罪 行为人运用计算机技术，借助网络对计算机系统或信息进行攻击、破坏或利用网络进行其他犯罪的总称。

暗网 一种网络，无法通过常规手段访问，只能通过专业软件访问，常常用于计算机犯罪。

数字信息 将现实世界中连续变化的量转化为0和1表示的数字量，并且通过对数字量的处理、存储、传输来实现信息的处理。

全球定位系统 基于卫星信息提供位置数据的全球导航系统。

物联网 通过感知设备，按照约定协议，链接物、人、系统和信息资源，实现对物理和虚拟世界的信息进行处理并做出反应的智能服务系统。

有损压缩 允许损失一定信息的数据体量压缩，压缩后原始数据不能被完全恢复。

恶意软件 影响或破坏系统机密性或安全性的软件。

元数据 用于描述和提供其他数据信息的数据，有"关于数据的数据"之称。

网络钓鱼 利用欺骗性电子邮件和伪造万维网站点诱使用户泄露个人私密资料的一种网络诈骗活动。

勒索软件　一种流行的木马，通过骚扰、恐吓甚至采用绑架用户文件等方式，使用户数据资产或计算资源无法正常使用，并以此为条件向用户勒索钱财。

逆向工程　详细检查产品结构后对其进行复制。

零日漏洞　被发现后立即被恶意利用的安全漏洞。

视频分析

场景

虽然引发了人们对公民自由的担忧，但"在公共场合被摄像头拍到"这种事情很常见。汽车仪表盘摄像头和执法记录仪也越来越普遍，可以在调查中提供支持性证据。随着闭路电视数量的增加和图像质量的提高，视频记录被用作法医学证据的机会也越来越多。不过，由于分辨率、光线和压缩问题，视频的质量往往受到限制。由于不可逆的有损压缩，细节损失可能是视频面临的一个问题。图像增强软件可以在一定程度上改善视频的图像质量，对比度增强过滤器可以改善视频的细节，二者可以用于案件调查。例如，将嫌疑人与视频中的人进行比较，看看面部、衣物、姿势或步态是否匹配。视频还可以用于确定车辆速度，特别是在撞车案件中。法医调查有助于找到篡改视频记录的证据，举个例子，部分内容被删除的视频文件有时可以用软件分析文件组成加以恢复。如果包含视频文件元数据（含有视频大小等属性的信息）的文件头丢失，那么可以添加一个新的文件头来播放视频。

本文编者

泽诺·格拉茨

▶ 在现代社会，摄像头已经成为购物中心、公交站、加油站、停车场、酒店、银行和办公大厅的标准装置，所以公众始终处于监控之下，这是一个不争的事实。

音频分析

场景

与手机照片等电子证据一样，录音记录的数量现在也在不断上升。法医音频分析通常集中在语音记录上，但也可以有其他的应用，如识别枪声和音乐样本。录音主要有两种方式：模拟录音和数字录音。目前，数字录音已经在很大程度上取代了模拟录音。现在有很多专有的数字录音格式，每一种都有自己的压缩和解压程序。录音压缩可能会丢失某些数据，从而影响证据的质量。在涉嫌篡改的案件中，法医音频分析可用于检测录音编辑情况。检测音频编辑情况的方法有很多，包括分析背景电子信号和电力网络，比如，录音设备旁边的主电源设备产生的噪声可以为调查提供重要的法医学证据。说话人识别可以根据现有的录音材料将一个说话人与另一个说话人区分开来。语音邮件或电信拦截等很多录音都有明显可听到的背景噪声，这会降低语音记录的可辨识度。语音增强技术会在牺牲背景噪声的情况下改善语音质量。

人物简介

卡塔兰·格里戈拉斯
（Catalin Grigoras）
生年不详
美国科罗拉多大学丹佛分校国家媒体取证中心主任，致力于数字信号处理方面的研究，开发了验证数字音频/视频的先进方法和用于说话人识别的半自动系统。

约翰·H.L.汉森
（John H. L. Hansen）
1959—
美国教授，在得克萨斯大学达拉斯分校建立了鲁棒语音系统中心，该中心致力于语音处理、听觉科学和语言技术的研究。

本文编者

保罗·里迪

▶ 在欺诈、事故和诽谤等刑事案件中，录音可以作为可接受的证据。

图像分析

场景

线索
法医图像分析涉及在法庭上使用各种来源的图像，比如智能手机拍摄的图像和下载的图像。

证据
图像分析过程中评估的主要区域包括阴影（评估物体与光源的关系）、眼睛（比较颜色对光线方向的反应）、文件数据（通常包括GPS位置和时间）、反射（确定它们在图像中是否连贯）。

在法庭上，图像经常被用作支持证据。图像通常来自智能手机和各种相机，也包括通过互联网传输的图像。法医图像分析常常用于鉴定、增强和比较图像。由于分辨率、光线和压缩问题，图像的质量可能会受到限制。由于不可逆的有损压缩，数字图像的细节可能会有所损失。在案件调查中，图像增强软件可以在一定程度上提高图像的质量，而对比度增强过滤器可以改善细节。图像分析经常用于检验身份文件或对比生物特征，其中人体细节会得到分析。比较两张图像，可以确定图像中的人是同一个人，或者不是同一人，或者拥有共同的特征。图像是否遭到篡改往往是一个需要考虑的问题。在这种情况下，可以检验图像内容，确定图像是否被篡改过。根据图像传感器的不规则性，还可以确定图像是否是用特定相机拍摄的——这有时被称作设备的"指纹"。

人物简介
杰西卡·弗里德里希（Jessica Fridrich）
1964—
出生于捷克，开发了多种数据隐藏应用。弗里德里希教授在纽约州立大学宾汉姆顿分校工作，发表了关于在法医学中使用弱传感器指纹确定图像是否由某个相机拍摄的方法的论文，开创了这一领域的先河。这种方法有助于很多案件的破获，包括涉及非法制作图像的案件。

本文编者
泽诺·格拉茨

▶ 数字图像分析技术是一种生物特征识别技术，可用于安全系统的面部识别。

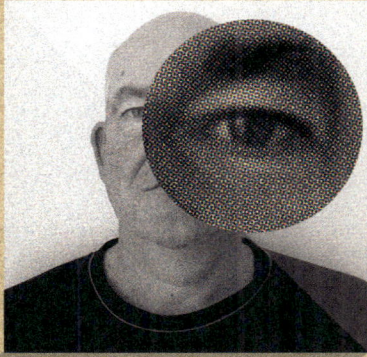

1912 年
出生于英国伦敦

1934 年
获得剑桥大学国王学院数
学一等荣誉学位

1938 年
获得普林斯顿大学数学博
士学位

1946 年
因战时服务被授予大英帝
国勋章

1948 年
担任曼彻斯特大学数学准
教授

1951 年
当选英国皇家学会会员

1952 年
因同性恋遭到起诉

1954 年
服用氰化物自杀

2013 年
获得英国皇室的赦免

艾伦·图灵

艾伦·图灵（Alan Turing）为计算机科学和密码学的发展做出了巨大贡献。他小时候就展露出了数学天赋，在剑桥大学和普林斯顿大学的学业成就也证实了这一点。在完成博士学位之前，他已经投身计算和算法的研究。算法是计算机的根基。

在第二次世界大战期间，图灵搬到白金汉郡的布莱奇利公园，这里是英国战时的密码破译中心。图灵在破解德国恩尼格玛机的密码方面发挥了主导作用。恩尼格玛机是电力驱动的密码机，操作者在键盘上输入信息，每按一次键，转子就会按顺序转动，输出不同的字母。使用的转子越多，加密就越复杂。此外，恩尼格玛机还有另外一个加密层：由一个接线板在转子加密前将成对的字母连接起来并使字母换位。在布莱奇利公园工作期间，图灵及其同事在创造数学方法上发挥了重要作用，这些数学方法与Bombe密码破译机一起用于破解恩尼格玛机的密码。

第二次世界大战后，图灵在英国国家物理实验室从事自动计算引擎的开发工作，后来在曼彻斯特大学开始实践他在人工智能方面的想法。他提出了"图灵测试"来确定机器是否具有人类智能。图灵晚年时对建模及生物系统的图案、模式非常感兴趣，它们构成了数学生物学的基础。能够破译数据中的模式的重要性已经成为刑事或民事案件中解释和评估法医学证据的基石。

1952年，图灵因同性恋行为被捕，他对这一指控表示认罪。当时，同性恋在英国是非法的。结果，他的安全许可被取消，他不能继续在安全部门从事密码学工作。没过几年，图灵自杀身亡，他的人生以悲剧告终。2013年，伊丽莎白女王为图灵追授了赦免状。

尼亚姆·尼克·达伊德

数字设备

场景

在现今社会，几乎所有的犯罪都会涉及数字证据。从智能手机、电脑到医疗设备、汽车上的电子产品，我们在任何带有微芯片的设备中都能发现数字痕迹。制造商快速开发新硬件和软件的步伐从未停止。数字证据面临的挑战是如何获取各种数字设备中存储的信息。法医实验室经常收到损坏或部分毁坏的数字设备。实验室人员通过恢复芯片有时可以恢复其中的数据。让数据可读也是一个挑战，如果数据是加密的，那么往往需要进行暴力字典攻击以通过猜测密码的方式来访问数据。应用程序和数字设备的制造商会以专有的格式存储数据，所以调查人员必须掌握有关格式和存储方式的信息。因为这些东西往往不是现成的，所以有时需要进行逆向工程来收集信息。如果数据可以被恢复，那么调查人员就可以开始解释与犯罪有关的数据。调查人员也应将篡改证据考虑在内，并向法医提出明确的问题。大数据分析工具可能有助于调查人员提出相关问题，实现大海捞针。

人物简介

奥恩·卡西
（Eoghan Casey）
生年不详
爱尔兰法医学家，曾在民事和刑事案件中提供专家证词，并为计算机取证和网络犯罪案件提交专家报告以及准备审判证据。他著有多本关于数字证据的书。

本文编者

泽诺·格拉茨

▶ 恢复和分析数字设备上的证据是与网络犯罪或网络安全事件有关的法证工作的关键一环。

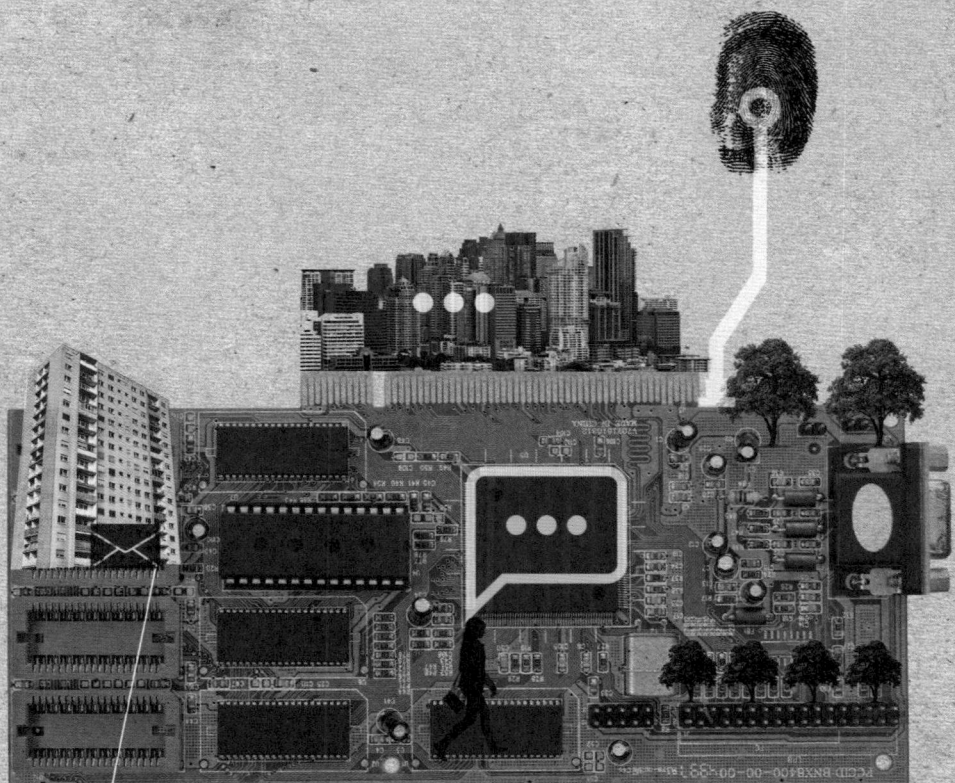

互联网

场景

全球有超过35亿人通过手机、电脑和其他数子设备实现互联。分享儿童色情作品是被调查最多的一种互联网犯罪。暗网允许限制性访问，可以实现点对点（P2P）文件共享，因此执法部门的调查变得越来越难。互联网可以实现非法毒品交易，比特币等匿名货币使得交易更容易进行，也使得将交易和相关人员联系起来变得更难。用户名和密码被盗的金融犯罪很常见。很多人使用同一网络登录不同的账户，所以他们的个人安全和金融安全都会受到威胁。个人电脑和移动设备上的钓鱼邮件和恶意软件可以在未经用户许可的情况下完成交易。因为金融机构会采用网络安全措施来加以防治，所以这些攻击通常只有很短的时间可以钻空子。勒索软件攻击的数量正在上升，用户必须支付比特币或其他无法被追踪的资金，才能拿回他们的文件、数据和操作系统。零日漏洞攻击利用的是计算机系统的安全漏洞。水电等公共基础设施也可能受到攻击，它们往往被视为网络犯罪、网络战争或网络恐怖主义，具体要看规模如何。

人物简介

蒂姆·伯纳斯－李（Timothy Berners-Lee）
1955—
英国工程师、计算机科学家，1989年发明了信息空间"万维网"。

本文编者

泽诺·格拉茨

▶ 网络犯罪、恶意软件和互联网上的其他攻击往往是国际性的，攻击者的身份是隐藏的，因此他们的罪行很难在法庭上被证明。

网络

场景

计算机和互联网在大多数人的生活和工作中无处不在。它们与我们的生活交织在一起，先后催生了物联网等全球网络化系统。数字证据以1和0的形式构成一种智能手机等电子设备和网络使用的语言。它还会在设备进行通信时被截获。尽管相互连接的每个实体都有自己的专有平台和语言，也许还会被加密，但相关事件仍有可能被破译和解释，从而揭示其背后的含义。语言经过解码可以透露相关网络上的互动、决定和事件。数字证据可以是手机上的GPS数据，也可以是为刺探情报或窃取知识产权而入侵企业或政府组织安全网络的数据记录。网络犯罪包括儿童性剥削、知识产权盗窃、国家和工业间谍活动、金融盗窃、伪造证据和虚假信息、人口贩运、网络欺凌、身份盗窃、仇恨犯罪等。

人物简介
凯文·阿什顿
（Kevin Ashton）
1968—
英国技术先驱，创造了"物联网"一词。

本文编者
保罗·里迪

▶ 有关网络犯罪的法医学方法是指在案件调查或法庭上检测、恢复、比较、解释和交流恢复的数字证据。

法律和科学 [1]

术语

活动水平命题　表明某一特定活动已经发生的命题，比如某人打破了窗玻璃。

阿尔弗德答辩　在美国法律中，阿尔弗德答辩指被告做出认罪声明但仍不承认自己有罪。被告否认自己有罪，但承认检方的证据有可能使法官或陪审团相信他有罪，因此做出的认罪声明，就属于阿尔弗德答辩。

辅助信息　额外信息。

特征比对方法　系统比较两个或多个特定材料样本（包括鞋印、指纹或工具痕迹）之间的物理特征的方法。

卡利舍讲座　英国刑事律师协会为纪念御用大律师迈克尔·卡利舍（Michael Kalisher，1944—1996）而举办的年度讲座。

偏见性证据　呈上法庭后可能会不适当地影响陪审团决策或使其产生偏见的证据。

证明性证据　呈上法庭的、旨在证明或确立事实的证据。

源水平命题　表明某一特定证据来自某一特定来源的命题，比如从嫌疑人衣物上找到的玻璃来自某个被打破的特定窗玻璃。

假设　在没有确定知识或证据的情况下持有的想法。

心脏收缩压测谎　一种基于血压受个人情绪状态影响的测试，可用于检测某人是否在撒谎。测谎的科学有效性还没有得到普遍认可。

专家证人

场景

线索
专家证人拥有专业知识或技能，可以协助陪审团根据法律诉讼中呈现的事实做出裁决。

证据
专家证人的证词往往是庭审的一大亮点。专家是唯一允许在案件中提供意见证据的证人。名人作为专家证人的情况并不罕见，伯纳德·斯皮尔斯伯里爵士（参见 21 页）就是他那个时代最出名的一位专家证人。他当年的地位可能与现在的亨利·C.李（Henry C. Lee）类似。1995 年，亨利·C.李因在 O. J.辛普森的审判中提供了证据而闻名。不过，2007 年，他在菲尔·斯佩克特（Phil Spector）的审判中提供的证据颇具争议。

专家证人被要求上庭作证，他们的证词必须提供超出陪审团经验或知识的额外见解或信息。陪审团是案件审理中事实的审判者。专家证人不得顶替陪审团，他们提供的证据必须是证明性证据而非偏见性证据。控方和辩方都可以传唤专家证人，但是他们最重要的职责是利用自己的专业知识协助庭审，并保持公正和不偏不倚。民事审判中第一位专家证人可能是约翰·斯米顿（John Smeaton）。他是一名土木工程师，1782 年，法庭传唤他就英国诺福克郡韦尔斯海岸的港口为何会有如此多的淤泥以至于无法使用提供专家意见。他说，主要原因在于沿海沼泽地的开垦和土地所有者筑起的堤坝，但他的观点遭到了对方律师和专家的强烈质疑。主审法官曼斯菲尔德勋爵（Lord Mansfield）拒绝了对方律师的陈词，并做出如下裁决："港口衰败的原因是一个科学问题……关于这一点，只有像斯米顿先生这样的人才可以做出判断。"

人物简介
罗伊·梅多
（Roy Meadow）
1933—
英国儿科医生，1999 年在萨利·克拉克（Sally Clark）的审判中提供证据，致使克拉克被误判杀害了她的两个儿子。梅多提供了错误的概率证据。克拉克 2003 年翻案，2007 年去世。

本文编者
苏·布莱克和尼亚姆·尼克·达伊德

▶ 专家证人必须向法庭提供没有偏见的证据。他们的重要职责是向陪审团清楚描述所呈上的证据。

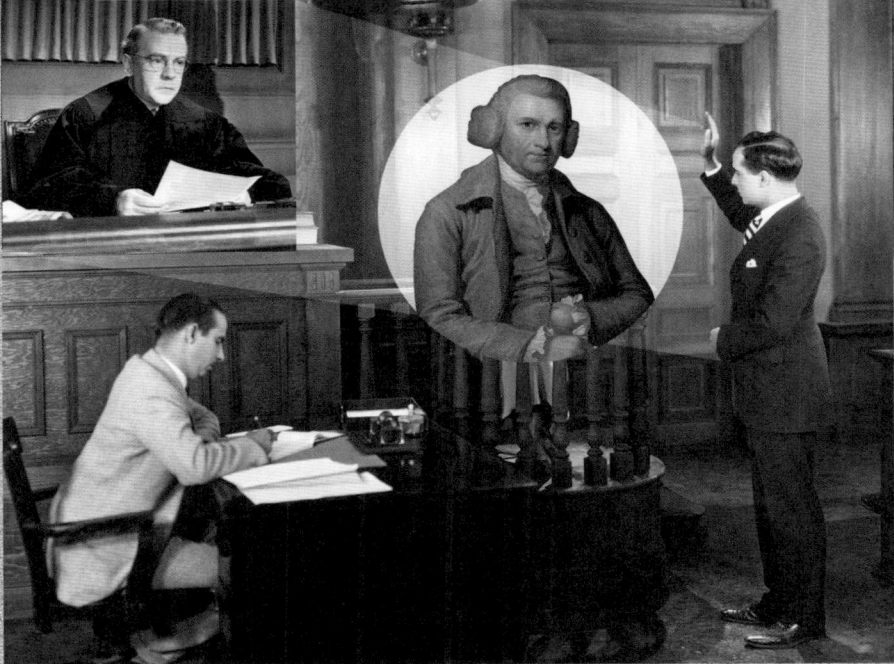

有效性

场景

线索

法医学技术、方法或程序必须准确、可重复并且可再现，这样才是有效的。

证据

2016年，美国司法部承认联邦调查局的几乎所有毛发检查人员都提供过有瑕疵的证词，他们夸大了显微镜毛发比对的有效性。在因此类证据而被判处死刑的32名被告中，有14名在错误得到纠正之前已被处决。2016年，美国总统科学技术顾问委员会在一份报告的附录中指出："没有研究证明毛发比对作为法医特征比对方法的有效性和可靠性。"

广义上讲，有效性是指某项科学试验或研究对实际情况的衡量效果，或者说它在多大程度上反映了它所阐述的结果。作为质量控制程序的一部分，法医学中使用的很多测量技术都可以证明科学的有效性。比如，DNA分析、毒品和毒理学样本的分析，还有火灾残留物的分析采用的都是有效性得到验证的技术。然而，近年来，美国的一些报告对法医学多种证据的有效性提出了质疑，尤其是那些依赖主观意见而非客观意见的证据。咬痕对比和头发分析可能是遭受批评最重的两种证据类型。2016年，美国总统科学技术顾问委员会在一份报告中指出，咬痕分析的有效性从科学上讲是站不住脚的，而且不太可能得到验证。没有证据表明人的咬痕具有独特性，也没有证据表明咬痕转移到皮肤上的可信性，另外，也没有针对咬痕变形的研究。美国国家科学院2009年的一份报告总结道："很多时候，专家对同一咬痕证据的评价存在很大分歧，因此人们对这类证据的价值、科学性和客观性产生了质疑。"

人物简介

理查德·苏维龙
（Richard Souviron）
1937—
牙医，1987年在连环杀人犯泰德·邦迪（Ted Bundy）的案件中作证。邦迪因为咬痕证据对一级谋杀罪提出上诉，但被驳回，他于1989年在得克萨斯州被处以电刑。

本文编者

苏·布莱克和尼亚姆·尼克·达伊德

▶ 证明一种科学方法的有效性很重要，它决定了相关证据在法庭上的可采性。

可采性

场景

证据

多伯特（Daubert）诉梅里尔·道制药公司案（1993年）是美国最高法院审理的一个案件，它对专家证词的可采性标准做出了判定。在这起案件中，梅里尔·道制药公司因为一种治疗恶心的药物导致严重的出生缺陷而遭到起诉。案件审理面临这样一个问题，原告的证据是专门针对此案准备的，这使专家证词及其可采性受到了质疑。

对于与案件相关的证据，法官会决定它是否有助于陪审团审议支持或反对控方提出的指控。向法院提交证据的一方必须证明信息来源的可靠性，无论它是否与证人的可信度或某种科技方法有关。英国没有严格的可采性规则，决定权完全在法官手中。其他司法管辖区，如美国，是有可采性规则的，其中最著名的是多伯特规则。多伯特规则的目的是确保专家证人在审查证据时使用的方法符合可靠的科学原则。它有如下要求：相关理论或技术已被科学界接受；已由同行审查和发表；可以进行测试；存在已知或潜在的错误率；研究是独立进行的，并非为了证明或推翻某项证据。专家证人的可信度由法院裁决。

人物简介

威廉·莫尔顿·马斯顿（William Moulton Marston）1893—1947 律师，发明了"心脏收缩压测谎"。测谎首次在法庭上得到应用，是为了支持詹姆斯·阿方索·弗赖伊（James Alphonso Frye）的辩护，他在1920年承认谋杀了罗伯特·布朗（Robert Brown）。弗赖伊后来收回了他的认罪书，法庭因此进行了测谎并采纳了测试结果。但随后，上诉法院裁定该测试及其结果不能作为科学证据，弗赖伊最终服刑18年。

本文编者

苏·布莱克和尼亚姆·尼克·达伊德

▶ 证据的可采性由负责审判的法官裁定。

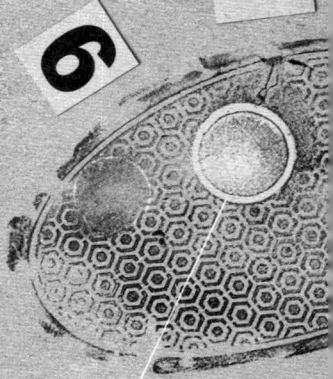

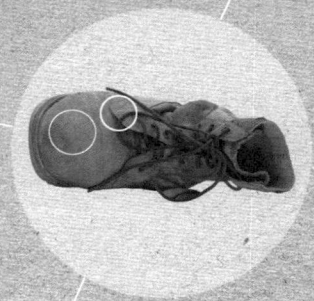

1947年
出生于威尔士波伊斯郡库姆吉德村，原名罗杰·约翰·劳哈内·托马斯（Roger John Laugharne Thomas）

1966年
在剑桥大学三一学院获得法学学士学位

1969年
在伦敦格雷律师学院获得律师资格

1984年
成为御用大律师

1996年
被任命为高等法院法官，获封勋爵

2003年
成为上诉法院法官

2004年
被任命为剑桥大学三一学院院士

2008年
成为王座法庭副庭长

2011年
被任命为王座法庭庭长

2013年
被任命为英格兰和威尔士首席大法官和终身贵族"库姆吉德的托马斯勋爵"

2018年
担任亚伯大学校长

约翰·托马斯出生在威尔士，在剑桥大学三一学院攻读法律学位，并在芝加哥大学法学院获得法学博士学位。他在格雷律师学院获得律师资格，成为该院法官，随后成为御用大律师。他曾是威尔士和切斯特巡回法庭的主审法官、商事法院的首席法官，后来被任命为上诉法院法官。在成为英格兰和威尔士首席大法官之前，他先后担任王座法庭的副庭长、庭长。

在英格兰和威尔士，"首席大法官"的头衔会被赋予主持王座法庭高等法院的高级法官。《2005年宪法改革法案》通过后，首席大法官还是英格兰和威尔士司法机构的负责人，而这一角色以前由大法官担任。此外，首席大法官还要担任英格兰和威尔士法庭庭长，集400多项法定职责于一身，包括代表司法机构向议会提供意见，为英格兰和威尔士法院部署法官并分配工作。首席大法官还是上诉法院刑事法庭的主审法官，负责审理重要案件，对重大法律问题做出判决，并对量刑提供指导意见。

在整个职业生涯中，托马斯勋爵对很多备受瞩目的案件做出了裁决，包括朱利安·阿桑奇（Julian Assange）引渡案和阿布·哈姆扎（Abu Hamza）引渡案。2016年10月，三名法官根据《欧洲联盟条约》第50条使用王权发布通知，对英国脱欧问题做出裁决，托马斯勋爵便是其中之一。托马斯勋爵还参与了一个影响深远、雄心勃勃的项目，以重塑英格兰和威尔士的民事司法系统。

托马斯勋爵大力倡导法医学在刑事司法系统中的应用。他在很多裁决中强调证据要有科学支撑，强烈批评不到位的做法。2014年，他在卡利舍讲座期间发表了题为"专家证据：法医学未来在刑事审判中的应用"的演讲。他指出："它（法医学）对社会很重要……可以确保无辜者不会因其没有犯下的罪行而被定罪，确保犯下严重罪行的人被绳之以法。"托马斯勋爵于2017年卸任。

苏·布莱克和尼亚姆·尼克·达伊德

认知偏差

场景

我们需要了解认知偏差对法医学决策的影响，并在必要时降低这种影响，这样做很重要。虽然认知偏差有很多种，但法医学中公认的可能就是确认偏差和语境偏差。我们在验证假设时，如果过于关注支持预定理论的确认性证据，而忽略与之冲突的证据，就会出现确认偏差。当辅助信息有意识或无意识地对考虑结果产生不适当的影响时，我们就会产生语境偏差。偏差是很多冤假错案的一个共同点。"孟菲斯三人组"一案说明，尽管有大量证据，但调查人员和检察官还是没有看到他们正走向司法不公的错误之路的警告信号。值得怀疑的科学方法、虚假供词、来自监狱线人的证据都提供了可以证实调查人员成见的信息，1994年，这三个人被错误地判定残忍杀害了三名8岁男孩。三名被告坚称自己无罪，启动阿尔弗德答辩，在服刑18年后被释放。

线索

认知偏差是心理学中的一个术语，指的是外界因素或先入之见对感知、判断和决策的影响。

证据

与其他类型的法医学证据相比，有关指纹检查中认知偏差的研究可能是最多的。美国俄勒冈州布兰登·梅菲尔德（Brandon Mayfield）律师一案凸显了认知偏差的广泛存在。在2004年的马德里火车爆炸案中，联邦调查局在雷管上发现了部分指纹，他们错误地将爆炸案的始作俑者认定为梅菲尔德律师。之后，警方正式道歉，并给予了经济赔偿。

相关章节

参见
可采性
142 页

证据解释
148 页

证据呈现
150 页

人物简介

丹尼尔·卡尼曼
（Daniel Kahneman）
1934—
诺贝尔奖获得者，以色列裔美国心理学家，因为在判断和决策心理学方面的研究而备受瞩目。他为人类常见的错误建立了认知基础，这些错误可归因于认知偏差。

本文编者

苏·布莱克和尼亚姆·尼克·达伊德

▶ 我们对法医学各个学科认知偏差的理解仍很有限。

证据解释

场景

线索

证据解释是指确定法医学检验结果的意义和力度，并以坦率和可理解的方式传达给调查人员或法庭。

证据

法医学的观察必须在相关案件的背景下进行解释。这种解释需要遵循一些基本的原则。第一，法医学家将根据至少两种可能解释观察结果的不同情况（命题）来分配与观察结果相关的概率。第二，只考虑给定命题的观察概率。第三，以这种方式分配的观察概率必须基于有记录的、可获得的可靠知识。

法医学观察可以表明采集的证据和某种参考材料之间是否对应。举几个典型的例子，某个印痕（物体或手指留下的印痕）与参考印痕相对应；玻璃碎片或纺织纤维等微量痕迹在物理和化学上与参考样本（如玻璃窗或衣物）相对应；从生物染色剂中获得的DNA指纹图谱与参考的DNA指纹图谱相对应。然而，对应关系并不能确定采集的证据来自某个特定的来源，也不能确定材料是在犯罪活动中转移的。证据解释可以归结为回答两个通用的问题：如果参考样本（如来自犯罪现场破损窗户的玻璃）是可疑材料（在嫌疑人衣服上发现的玻璃碎片）的来源，那么相关科学观察结果出现的概率是多少？如果未知物体（任何其他破损窗户）是可疑材料的来源，那么观察到同样结果的概率是多少？我们称之为"源水平命题"。当活动存在争议时，要回答的问题将是：如果控方指控的活动发生，那么出现观察结果的概率是多少？如果辩方的说法属实，那么出现观察结果的概率是多少？我们称之为"活动水平命题"。从正反两个方面加以解释有利于平衡和确保公平。

相关章节

参见
专家证人
138 页

有效性
140 页

可采性
142 页

证据呈现
150 页

人物简介

伊恩·韦伯·埃维特
（Ian Webber Evett）
1943—
英国法医学服务局的高级顾问，开辟了证据解释的先河。

本文编者

克里斯托夫·尚波

▶ 证据解释应该遵循合理的科学原则，并用概率来表达。

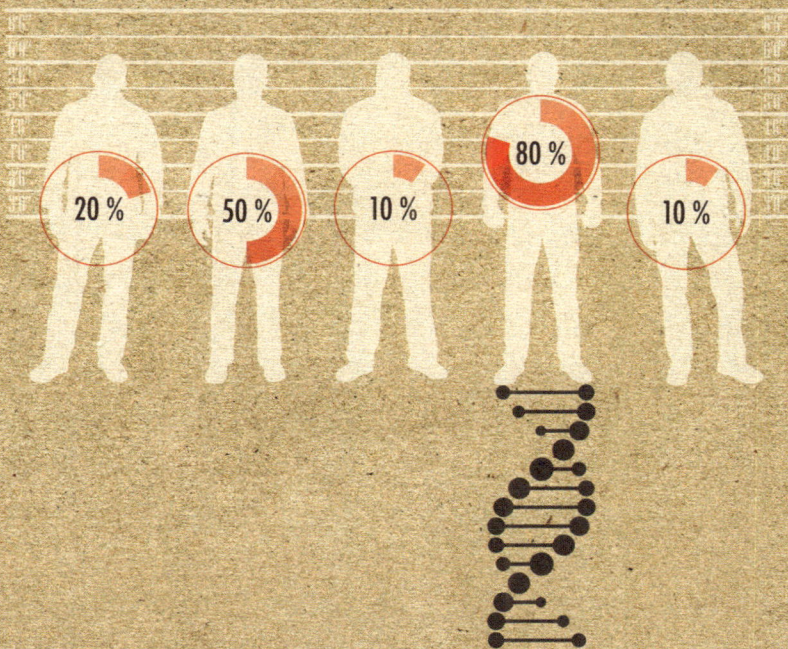

证据呈现

场景

案件的胜败往往取决于相关证据是否被有效地提交给了陪审团。陪审团是事实的审判者，他们的责任是确定受审者是否有罪。提交给法院的证据必须有相关性和证明力，它们不能基于假设或传闻，也不能具有偏见。在法庭上呈现证据的方式多种多样，包括提交目击者或专家证人的证词，并辅以录像、照片、证物、录音、谈话记录、地图、分析结果、图画和书面文件，所有这些被统称为"证据"。虽然控方的法律团队必须出示证据来支持他们的指控，但辩方可以选择不出示证据，因为他们只需证明指控的有效性存在疑问即可。如果辩方选择提交证据，那么他们传唤的证人也不一定非得包括被告。控方不能强迫被告提供证据。任何一方都可以就证据的可采性提出异议，法官必须对异议的有效性做出判决。例如，如果证据存在偏见且超过其证明力，律师可以对一连串的提问提出反对。

线索

法官大多是被动的观察者，他们在审判过程中会收到多个证人提供的证据，他们必须在判决中利用这些证据。

证据

针对存在偏见的证据，律师可以在法庭上提出反对意见。例如，受害者的彩色照片看起来可能非常吓人，与其他形式的证据相比，它没有增加任何证明力，但会引起很大的偏见，因为呈现这种证据就是为了让陪审团感到震惊。这样一来，这张照片可能会大大刺激陪审团，使其做出有罪判决。

相关章节

参见
有效性
140 页

可采性
142 页

证据解释
148 页

人物简介

弗朗切斯科·巴尔贝里尼（Francesco Barberini）1597—1679
专业是教会法和民法，被任命为罗马宗教裁判所的大裁判长。他是没有签字同意监禁伽利略的三位法官之一。

布伦达·玛乔丽·黑尔（Brenda Marjorie Hale）1945—
英国最高法院法官，英国历史上资历最高的女法官之一，英国第一位成为最高法院院长的女性。

本文编者

苏·布莱克和尼亚姆·尼克·达伊德

▶ 向陪审团呈现法医学证据的方式决定了他们能否理解这些证据。

附录 ❶

参考资料

图书

'Criminal and Environmental Soil Forensics'
L. A. Dawson & R. W. Mayes in
Introduction to Environmental Forensics
Robert D. Morrison & Brian Murphy (eds)
(Academic Press, 3rd edn 2014)

Clarke's Analytical Forensic Toxicology
Adam Negrusz & Gail Cooper (eds)
(Pharmaceutical Press, 2nd edn 2013)

*Criminal Dismemberment: Forensic and
Investigative Analysis*
S. Black, G. Rutty, S. V. Hainsworth and
G. Thomson
(CRC Press 2017)

*Encyclopedia of Criminology and Criminal
Justice*
Gerben Bruinsma & David Weisburd (eds)
(Springer 2014)

Fingerprints and Other Ridge Skin Impressions
Christophe Champod, Chris Lennard, Pierre
Margot & Milutin Stoilovic
(CRC Press, 2nd edn 2016)

Forensic Approaches to Buried Remains
J. R. Hunter, B. Simpson & C. Sturdy Colls
(Wiley-Blackwell 2013)

Forensic Archaeology: A Global Perspective
W. J. M. Groen, N. Márquez-Grant &
R. C. Janaway
(Wiley-Blackwell 2015)

Forensic Botany: A Practical Guide
D. W. Hall & J. H. Byrd
(Wiley-Blackwell 2012)

Forensic Science in Wildlife Investigations
Adrian Linacre (ed.)
(CRC Press 2008)

*Foundations of Forensic Document Analysis:
Theory and Practice*
Michael J. Allen
(Wiley-Blackwell 2015)

An Introduction to Forensic Genetics
William Goodwin, Adrian Linacre & Sibte Hadi
(Wiley-Blackwell, 3rd edn 2018)

Microbial Forensics
B. Budowle, S. Schutzer, R. Breeze, P. Keim
& S. Morse (eds)
(Academic Press. 2nd edn 2010)

*Scientific Examination of Documents: Methods
and Techniques*
D. Ellen
(CRC Press, 2006)

Scientific Examination of Questioned Documents
J. S. Kelly & B. S. Lindblom
(CRC Press 2006, 2nd edn)

*Stable Isotope Forensics: Methods and Forensic
Applications of Stable Isotope Analysis*
W. Meier-Augenstein
(Wiley Online Library, 2nd edn 2017)

编写人员简介

主编

苏·布莱克，全球知名的法医人类学家、解剖学家。曾任邓迪大学解剖和人类鉴定中心（CAHID）主任，现任兰卡斯特大学副校长。骑士指挥官勋章获得者，苏格兰皇家学院终身解剖学教授。

1999年，她带领英国法医团队在科索沃搜集战争犯罪证据。2001年，她建立英国人类身份鉴定协会，并因在法医案件侦破方面的贡献而两次获得警方嘉奖。2004年，她为印度洋海啸死难者鉴定身份。2008年，她荣获英国皇家人类学研究所颁发的露西·梅尔奖章。2016年，因在法医人类学领域的杰出贡献，她被授予大英帝国司令勋章。

尼亚姆·尼克·达伊德，全球知名的法医化学家、邓迪大学法医学教授。加入邓迪大学之前，她曾在思克莱德大学工作了20年，是该校第一位在化学系获得终身教授席位的女性。她还是爱丁堡皇家学会会员，并在另外五家皇家学院和专业机构担任研究员。

序言作者

瓦尔·麦克德米德（Val McDermid），作家，所著犯罪小说荣登畅销书榜首，并被翻译成30多种语言。她毕业于牛津大学，做了16年记者，而后开始创作小说。

她被英国《独立报》誉为"犯罪小说女王"，获得了无数国际奖项，包括2011年的兰布达文学基金会先锋奖。

编者

迈克·艾伦（Mike Allen），在法医文件检验领域拥有长达30年的经验。他致力于世界各地检验人员的培训，并为该专业制定标准。1999年，他在哈罗德·希普曼（Harold Shipman）医生的审判中提供了笔迹证据。

克里斯托夫·尚波（Christophe Champod），拥有洛桑大学法医学硕士和博士学位。1999年至2003年，他担任英国法医学服务局解释研究组组长，随后在洛桑大学刑事司法学院担任全职教授，同时管理着经官方认可的法医实验室。2015年，他获得了欧洲法庭科学研究网工作组颁发的杰出科学家奖。他致力于法医鉴定技术的推论研究，并担任此领域的专家证人。

洛娜·道森（Lorna Dawson），邓迪大学詹姆斯·哈顿研究所法医土壤学研究负责人、罗伯特·戈登大学法医学客座教授。身为英国国家犯罪署的注册专家，她定期为世界各地的警察和法医从业人员提供培训。她拥有民法和刑法方面的文凭，并在许多引人注目的案件中担任专家证人。她还是英国科学协会总务委员会委员，欧洲法庭科学研究网工作组动物、土壤、植物痕迹组成员。

泽诺·格拉茨（Zeno Geradts），荷兰法医研究所数字和生物识别痕迹部门的高级法医学家、阿姆斯特丹大学法医数据学教授。身为法医信息技术工作组主席，他活跃于欧洲法医学领域，并被提名为美国法医科学院的主席。

卢西娜·哈克曼（Lucina Hackman），邓迪大学解剖和人类鉴定中心高级讲师，专长是评估年龄的图像分析和其他法医人类学分析。她是英国皇家人类学研究所认可的法医人类学家，也是英国国家犯罪署法医专家数据库中的注册专家，经常参与案件审理。哈克曼博士的专业知识在谋杀案、人口失踪案、恋童癖案、虐待儿童案和恐怖事件等中发挥了重大作用。

阿德里安·利纳克尔（Adrian Linacre），拥有动物学学位和分子遗传学博士学位。他于1994年进入法医学领域，2010年成为弗林德斯大学法医学和新兴DNA技术领域的首位南澳大利亚司法主席。他在同行审议的期刊上发表了140多篇论文，是《法医遗传学导论》的合著者、《野生动物调查法医学》的编辑，以及《法医学国际遗传学》的副编辑。利纳克尔教授是国际法医遗传学协会第25届代表大会主席，并在2018年当选为澳大利亚和新西兰法医学协会的全国主席。

克雷格·麦肯齐（Craig McKenzie），邓迪大学法医化学专业的高级讲师、新精神活性物质研究中心的联合主任。他曾是一名法医化学家，专门研究毒品、普通化学和质量保证。麦肯齐最开始是一名环境化学家和毒理学家，主要研究污染对海洋哺乳动物的影响。

保罗·里迪（Paul Reedy），曾任澳大利亚联邦警察的数字证据协调员和法医学负责人、华盛顿特区法医学部数字证据负责人。他是国际刑事警察组织国际法医学管理人研讨会组织委员会委员，也是美国国家标准与技术研究所科学领域委员会数字证据分会成员。

克里斯·赖恩（Chris Rynn），邓迪大学法医艺术和面部识别硕士项目的课程协调人。他的人体解剖学和医学艺术背景为他在法医面部重建方面的研究奠定了基础。赖恩博士与英国警方、美国联邦调查局、德国联邦调查局、南非警察局和国际刑事警察组织都有过合作。

黛安娜·斯韦尔斯（Diana Swales），拥有谢菲尔德大学人类骨骼学和墓葬考古学的硕士和博士学位。她是邓迪大学解剖和人类鉴定中心的讲师和专业人员。身为骨科学家和考古学家，她擅长从考古遗址中挖掘人类骸骨和进行后期分析，并在商业和学术机构中教授人类骨骼学、古生物学和墓葬考古学课程。斯韦尔斯博士是特许考古学家协会会员、古物研究学会会员、英国皇家人类学研究所研究员。

格兰特·汤姆森（Grant Thomson），法医，在刑事司法领域积累了20多年的经验。身为一名获得授权的法医学家，他致力于枪支和工具痕迹分析十余年，目前主要从事与肢解有关的骨骼切割痕迹的形态学研究。

原著索引

致谢

任何一本书都离不开他人的帮助。我们在此对每一位提供帮助的人表示感谢，谢谢你们在这么短的时间内帮助我们将素材整理成书，我们希望你们和我们一样满意最后呈现的作品。不过，文字只是一半，书中的精美插图要归功于尼基·阿克兰—斯诺（Nicky Ackland-Snow）的杰出才能。每本书的背后都有一个团队支撑，如果没有常春藤出版社高级项目编辑斯蒂芬妮·埃文斯（Stephanie Evans）的惊人才能和耐心，这本书将永远无法与读者见面。斯蒂芬妮不仅是一个能给人带来快乐的工作伙伴，还是一个完美的专业人士。此外，我们还要感谢文字编辑简·罗（Jane Roe）和助理编辑珍妮·坎贝尔（Jenny Campbell），以及设计和制作团队，是你们扫除了出书过程中的一切障碍，我们在此表示感谢。

感谢以下个人和机构授权我们使用他们的资料。我们已尽力寻找版权所有者，并获得版权资料的使用许可。如有任何错误或遗漏，在此表示歉意，欢迎大家指正，我们将在重印时做出更正。

图片来源

Alamy/Paul Fern: 39CL; David R. Frazier Photolibrary, Inc: 69C; Mirrorpix: 20; Science History Images: 126. **Clipart.com**: 103C, 105TL, 139BR, 143R. **Dartmouth College Electron Microscope Facility**: 107. **École des Sciences Criminelles**, Université de Lausanne, Switzerland: 81BL, 81C, 81(BG). **Getty Images**/Bettmann: 62; Georges De Keerle: 42; Heritage Images: 93CR; Pasieka: 45TR; Transcendental Graphics: 41L; WPA Pool: 144. **Library of Congress**, Washington DC: 41R. **Missouri Botanical Gardens**: 93CR, 101CL. **The New York Public Library**: 139TC. © **Christopher Rynn**: 25. **Science Photo Library**/GiPhotoStock: 71BL; Ted Kinsman: 69TR; Herra Kuulapaa—Precires: 69C; Andrew Lambert Photography: 71BL; Matteis/Look at Sciences: 69TR. **Shutterstock**: 111TC; 24 Novembers: 129C; aarrows: 121TC; acceptphoto: 61; addkm: 143CR; Adrian Niederhaeuser: 147CR; Africa Studio: 29, 133CR; Aha-Soft: 107BC; Alberto Tirado: 105CR; Alex Mit: 27C; Alex Tihonovs: 89TL; Alexander Gold: 59C; Alhovik: 149BR; Allusioni: 50(BG); AnartStock: 131BC; andreiuc88: 131(BG); Andrey_Kuzmin: 27B; Anton-Burakov: 113C; arda savasciogullari: 29; Arkadiusz Fajer: 143TR; Arkady Mazor: 151C; art4all: 123L, 123R; Artistdesign13: 133BC; AVIcon: 129BL, 129C; Axro: 121CL; Ayzek: 133CR; Barbol: 59BC; Bearacreative: 107CR; Bergamont: 123BL, 123BR; Betacam-SP: 87C; Boreala: 105TR; Casther: 71TL; Cbenjasuwan: 69C; Channarong Pherngjanda: 29CL; charles taylor: 89BR; Christophe Rolland: 115C; Cioki: 91BC; cla78: 17(BG); Claudio Divizia: 77C; Coloa Studio: 93CR; Couperfield: 103BC; David Benton: 133C; Digital Genetics: 39CL; Dmitry Bodyaev: 113BC; Donflore: 125BR; Donikz: 151C; Dragan Milovanovic: 57C; Dragance137: 17; Dramaj: 141B; echo3005: 89BR; eddo: 139TC; Eliks: 95C, 123TR; Elina Li: 87C; Elzbieta Sekowska: 107C; Eremin Sergey: 71B; Erik Svoboda: 65C; Everett Collection: 39C, 50CL, 77BR, 121C, 123BC, 123CR, 123(BG), 139BR, 139CL, 143BR; Exopixel: 89BL; ; Ezepov Dmitry: 95C; Fabio Berti: 131C; Fabrai: 147CL; FabrikaSimf: 139C; Fineart1: 29; Flutes: 23C; Forance: 103BC; Fotorawin: 113CR; Foxie: 115(BG); FreddEP: 57C; Freedom Studio: 69; galimovma79: 65BC; Garvan333: 111; Golden Shrimp: 51(BG); Gordan: 57C; gritsalak karalak: 95CB, 115C; Hein Nouwens: 31B, 103C, 115BC; Hernie Briedenhann: 27BR; HolyCrazyLazy: 31B; Humdan: 69(BG); Iakov Kalinin: 147C; Idambies: 149C; Igorsky: 103B; Illustration Projects: 149C; Ilolab: 61C; Imagehub: 91BC; Ink Drop: 121TL; Inked Pixels: 61C; InnervisionArt: 49CR; Ires003: 89CR; Ivan Popovych: 77C; Jade ThaiCatwalk: 151BR; Jarva Jar: 23BL; Jason Salmon: 89CR; Jiri Hera: 133C; Jose Luis Calvo: 59C; Joshua Rainey Photography: 89CL; Jowait: 87B; Joylmage: 91C; Juan J. Jimenez: 61TC; Jubal Harshaw: 61T; Jueurgen Faelcle: 49CL; Juli Hansen: 111TC; Jumpingsack: 27T; Kaesler Media: 31CR; Kalewa: 23CR; Kamenetskiy Konstantin: 81L; Karen Perhus: 151C; Keantian: 65B; Keith Wheatley: 111BL; Ket4up: 125TR; Khuruzero: 77C; Kimree: 105TL; KN: 45C; koya979: 41CL; Krailurk Warasup: 129C; Krasovski Dmitri: 113(BG); Larysa Ray: 39CL; Lebendkulturen.de: 107C; Lenor Ko: 71BL; Leonid Andronov: 91CR; Lev Kroptov: 125CR; Line Icons: 123TR; LuFeeTheBear: 111C; Lukiyanova Natalia frenta: 29TC; Lynea: 29CR; Magnetix: 131TC; Majeczka: 129TR; Marcel Derweduwen: 23CR; Marco Rosales: 50(BG); Markovka: 71TL; Maryna Stamatova: 49BC; Matej Kotula: 103C; Matsabe: 95BR; Maxx-Studio: 133C; Mega Pixel: 65C; Mikhail Pogosov: 133C; molekuul_be: 95CR; monbibi: 151BR; Monika Beitlova: 149B; Morphart Creation: 49C, 59BR, 69TC; Mr. Rawin Tanpin:: 111B; MrVander: 17B; Newelle: 41BL; Nik Merkulov: 111BR; NikomMaelao Production: 65C; Nishihama: 81(BG); Nobeatsofierce: 113TR; Nobuhiro Asada: 147CL; Nomad_Soul: 57; Nyvit-art: 103C; Oleg Golovnev: 89BL; olga n zelenkova: 131T; oneo: 79C; Pakhnyushchy: 27BL; Pakpoom Nunjul: 113C; Pashabo: 50(BG); Pavalena: 107(BG); Petukhov Anton: 151C; phenyx7776: 23TR; Picsfive: 61C; Plutonian: 105BL; Pogonici: 27C; Protasov AN: 103C, 103TR; Puwadol Jaturawutthichal: 23CL; railway fx: 101CR; rcarter: 77T; Robert Lucian Crusitu: 129C; Robian: 91CR; Roman Nerud: 87C; Runrun2: 57CR; Saknakorn: 45TR; Samarets: 123BC; Samolevsky: 115C; sar14ev: 59C; schankz: 27BC; science photo: 71BR; Scisetti Alfio: 50(BG); Senerg: 129CL; Sergieiev: 89BR; SkillUp: 129CB; Skockp: 149BC; Somchai Som: 133CL; Sonate: 133C; Spantomoda: 123C; st.noon: 71BC; stefanocapra: 41B(BG); Stephen Rees: 87TC; steve estvanik: 15CL; Stockforlife: 133C; Stockish: 141; StockVector: 143CL; successo images: 113BC; sumstock: 141C; SuriyaPhoto: 87TL; Susan Law Cain: 41(BG); Swill Klitch: 61C; Tairy Greene: 41CR; Tanyastock: 141; Tarzhanova: 61C; Tefi: 17; Tewan Banditrukkanka: 17C; Thomas Hecker: 77T; Tobijah: 57BR; Torin55: 149CL; Tovovan: 121C; Tridsanu Thopet: 23CL; Triff: 149C; Trisanu Thopet: 17BR; Urfin: 113BR; Vadim Petrakov: 131T; Vandathal: 71TR; Vector Market: 105TR; Veronika M: 87C; vesna cvorovic: 149C; VikiVector: 105(BG); Vitaly Korovin: 151C; VitaminCo: 133CR; Voyagerix: 141BL; vs148: 49C; Web-Design: 133T; Wellphoto: 29CR; wk1003mike: 89TR; wolfman57: 93TL; xpixel: 141T; Yai Studio: 113BC; Yarbsontan Nionadr: 29BC; Yasbrand Cosjin: 81BC; Yuravector: 27T; Yuri Samsonov: 45BR; Zerbor: 103B; Ziviani: 91T; **Zoltan Pataki**: 151C. **University of Dundee**. Reproduced with the permission of University of Dundee Archive Services: 108. **US National Library of Medicine**: 107T. **Wellcome Library, London**: 23CL, 29BC, 45T, 50TR, 57CL, 84, 91BC, 91C. **Wikimedia Commons**/Frettie: 39CR.

更多精品图书推荐

《DK罪案百科（全彩）》
ISBN 978-7-121-35570-7

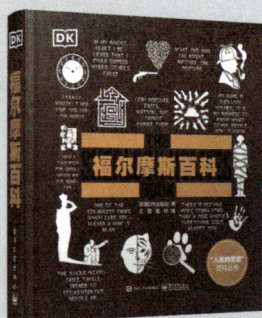

《DK福尔摩斯百科（全彩）》
ISBN 978-7-121-30192-6

《DK心理学百科（典藏版）（全彩）》
ISBN 978-7-121-39120-0